les chevaux

guide vert

les chevaux

Maurizio Bongianni

SOLAR

Si vous souhaitez recevoir notre catalogue
et être tenu au courant de nos publications,
envoyez-nous vos nom et adresse, en citant ce livre
et en précisant les domaines qui vous intéressent.

Éditions SOLAR
12, avenue d'Italie
75013 PARIS
Internet : www.solar.tm.fr

Page 2 : combattant chaldéen à cheval.
Détail d'un bas-relief de Nimrud.
Art assyrien, Londres, British Museum.

Titre original de cet ouvrage :
CAVALLI
Traduction-adaptation : Elisabeth de Lavigne

ISBN 2-263-03074-3

Imprimé en Espagne par Artes Gráficas Toledo, S.A.
D.L. TO: 1335-2000

SOMMAIRE

PRÉFACE

On a beaucoup écrit sur le cheval depuis les temps les plus reculés, et j'ai, pour ma part, modestement contribué à grossir la vaste littérature consacrée à ce merveilleux animal.
De nombreux auteurs ont voulu donner du cheval une image vivante, en présentant une classification des diverses races en fonction de leurs aptitudes prédominantes, celles que reflète le type morphologique de l'animal.
Cet ouvrage, inspiré du même esprit, traite dans une première partie de questions d'ordre général; une seconde partie, plus vaste, est consacrée à la description des différentes races, étudiées plus particulièrement en fonction de leurs possibilités d'utilisation.
Races de selle, de trait léger et lourd, si elles présentent des aptitudes spécifiques, peuvent aussi être affectées à d'autres activités, dans lesquelles elles ne brillent pas toujours, il faut bien le dire. La classification des races par type morphologique en longiligne, bréviligne et médioligne, ou type intermédiaire, me semble préférable, tout compte fait, à celle qui consiste à distinguer les chevaux à sang chaud de ceux à sang froid en fonction de l'influence plus ou moins grande exercée par l'Arabe; c'est pourquoi, outre la classification en races de selle ou de trait léger, de trait lourd ou poneys, j'ai choisi de souligner le type morphologique et structurel.
En décrivant le type morphologique de chaque cheval, j'ai eu à dessein de mettre en évidence une région du corps, l'épaule, qui fait partie intégrante du membre antérieur, ainsi que les régions du tronc, plutôt que de me référer à la structure des membres, comme le voudrait une interprétation plus anatomique.
Mon objectif n'était pas, en effet, de rédiger un traité d'hippologie mais un panorama le plus exhaustif possible des différentes races, qui soit utile tout à la fois aux amateurs et à tous ceux qui professent amour et intérêt pour ce noble animal.

L'auteur

EXPLICATION DES SYMBOLES

drapeau de pays d'origine

courses de galop sur plat
ou sur obstacles

courses de trot monté

concours hippique, dressage,
concours complet d'équitation

haute école

tourisme équestre

rodéo

polo

cirque

cheval gardien de troupeaux

cheval de selle

trot ou amble attelé

trait léger, rapide
ou moyen-léger

carrossier

trait lourd rapide
(diligence)

trait lourd lent

travaux agricoles

cheval de bât

cheval d'intérêt
international

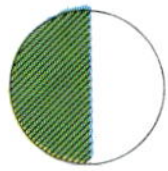

cheval d'intérêt national

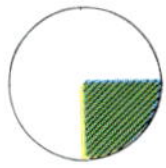

cheval d'intérêt régional
ou local

cheval en voie de disparition

race éteinte

cheval d'intérêt phylogénétique

Abréviations

b. bai
b.s. bai sombre
n. noir
gr. gris
a. alezan
m. mâle
f. femelle

INTRODUCTION

ORIGINES DE L'ESPÈCE

Le cheval est un mammifère appartenant à l'ordre des ongulés, sous-ordre des périssodactyles, famille des équidés, genre *equus*, espèce *caballus*. Les périssodactyles sont des quadrupèdes, possédant des doigts en nombre impair, dont seul celui du milieu, protégé par une boîte cornée, ou sabot, prend appui sur le sol.
L'évolution des équidés, qui s'est étendue sur une période couvrant quelque soixante millions d'années avant notre ère, a commencé au début de l'ère tertiaire. De l'*Eohippus* du Paléocène, en passant par l'*Orohippus* de l'Éocène puis, dans l'ordre, au *Mesohippus* et au *Miohippus* de l'Oligocène; du *Miohippus* directement, ou à travers le *Parahippus* du Miocène, au *Merychippus*, et de ces derniers au *Pliohippus* du Pliocène, on a abouti à l'*Equus* du Pléistocène (vers le Paléolithique moyen) et à l'*Equus caballus* du Néolithique. Au cours de ces millénaires, de nombreuses formes ont disparu, tels *Anchitherium* et *Hypohippus*, descendants de *Miohippus*, ou *Hipparion* et *Hippidion*, qui comptaient parmi leurs ancêtres *Merychippus*. L'essentiel de cette évolution a eu lieu sur le continent nord-américain, d'où l'*Equus* émigra ensuite en Asie, en Europe et en Amérique du Sud. En effet, *Hyracotherium*, contemporain de *Eohippus* mais habitant l'Europe, s'était éteint lui aussi dans l'Éocène. A la fin du Pléistocène (il y a environ dix mille ans), les espèces vivant sur le continent américain se sont éteintes pour des raisons encore

inconnues, et le cheval ne fit à nouveau son apparition sur ce continent qu'après la découverte de l'Amérique par Christophe Colomb.
L'évolution de l'espèce s'est accompagnée de modifications importantes dans la stature, la conformation des dents molaires et la structure des membres. Ainsi du petit *Eohippus*, haut de 30 cm, on est passé graduellement au type *Equus caballus*, grosso modo de la taille de l'actuel *Equus przewalskii*. Les dents molaires ont pris peu à peu une forme prismatique, tandis que les reliefs de l'émail s'accentuaient de plus en plus. Cependant, les modifications ont affecté essentiellement la structure des membres, et plus précisément la réduction du nombre des doigts : l'*Eohippus* en possédait quatre aux membres antérieurs et trois aux membres postérieurs, le *Parahippus* trois, dont un seul prenant appui sur le sol; enfin, l'*Equus caballus* est pourvu d'un doigt unique : les doigts latéraux se sont amenuisés et atrophiés, n'étant plus représentés que par des métacarpes et métatarses accessoires, respectivement au bipède antérieur et postérieur, et des châtaignes aux quatre membres.
On considère que toutes les races et tous les types de chevaux actuels descendent de trois branches principales, appartenant à une seule espèce : l'*Equus przewalskii gmelini*, le cheval sauvage des steppes mongoles de l'Europe orientale, aujourd'hui disparu; l'*Equus przewalskii poliakoff* de Mongolie, menacé d'extinction lui aussi; l'*Equus robustus*, originaire de l'Europe centrale, qui fut le premier à s'éteindre. Des deux premiers dériveraient les races de type longiligne et médio-longiligne, tandis que le troisième est l'ancêtre des races de type bréviligne de l'Europe centrale et septentrionale.

FORMATION DES RACES

Au sein de l'espèce se forment, spontanément ou artificiellement, différentes races, soit des groupes d'individus possédant des qualités et caractéristiques communes nettement dessinées (standard de la race) les différenciant des autres races et qu'ils transmettent à leurs descendants. Les races spontanées se forment par sélection naturelle, en fonction de laquelle ne réussissent à survivre que les sujets aptes à s'adapter à un milieu déterminé et à transmettre à leur descendance leurs caractères particuliers. La majorité des races sont artificielles, c'est-à-dire créées ou améliorées par l'homme, qui en a opéré la sélection (sélection artificielle) en cherchant à fixer les caractères souhaités. La sélection artificielle est donc fondée sur le croisement (accouplement entre sujets de races différentes) ou le métissage, soit l'accouplement des individus les plus aptes issus du croisement (métis). Le choix des reproducteurs, dans ce type de sélection, se fonde sur les caractéristiques morphologiques (sélection morphologique) ou fonctionnelles (sélection fonctionnelle). Parfois prévaut la sélection fonctionnelle, et les caractères morphologiques apparaîtront donc moins nettement définis et

Peinture rupestre figurant un cheval.
Période du Magdalénien moyen.
Grotte du Portel (Ariège, France).

essentiellement variables, comme dans les races de courses; dans d'autres cas, en revanche, ce sera la sélection morphologique qui prendra le dessus, et l'on obtiendra des individus aux caractères somatiques fortement accusés.

REPRODUCTION ET ÉLEVAGE

Chez le cheval, l'instinct sexuel se manifeste dès l'âge d'un an, la puberté est atteinte à deux ans; il est conseillé, toutefois, de ne pas soumettre le mâle ou la femelle à l'accouplement avant l'âge de trois ans. La vie sexuelle de l'équidé est longue et se prolonge jusqu'à la quinzième année chez la jument, quasiment toute la vie chez l'étalon. Le cheval est apte à se reproduire toute l'année, mais son activité sexuelle atteint son maximum de février à juillet, les mois d'avril, de mai et de juin étant les plus favorables. Durant la « saison de la monte », comme on appelle cette période de l'année, l'instinct sexuel est particulièrement fort : l'étalon peut ainsi accomplir un maximum de deux saillis par jour.
Chez la jument, la saison de la monte est marquée par l'accentuation des chaleurs. Celles-ci ont une durée qui varie de trois à huit jours et, si la fécondation n'a pas eu lieu, elles réapparaissent trois ou quatre semaines plus tard, le cycle œstral étant en effet de vingt-deux jours.

A gauche : chevaux Tarpan. Ci-dessous : Mongolian Wild Horse (Przewalskii) avec son poulain.

Chez la femelle, les premiers signes de chaleur se traduisent par la tuméfaction des organes génitaux externes, l'apparition de rougeurs à la muqueuse vaginale et l'émission d'un liquide visqueux; la jument se met souvent en position d'uriner, lève la queue, semble inquiète et manifeste une tendance à ruer. Chez l'étalon, les chaleurs sont accompagnées d'un état inhabituel de nervosité et d'excitation, il hennit avec insistance et présente souvent l'organe sexuel en érection.

Le choix des reproducteurs se fonde sur la sélection artificielle, laquelle tient compte à la fois des facteurs morphologiques et des caractéristiques fonctionnelles. Pour le cheval de course, cette sélection s'effectue sur les hippodromes au cours de compétitions de galop, ou *Pattern Races*.

Chez la poulinière pleine se manifestent les premiers signes d'un comportement physiologique nouveau : elle se montre plus calme, témoigne d'un meilleur appétit, ses mamelles grossissent et, au bout du cinquième mois, l'abdomen augmente de volume et prend une forme arrondie. La gestation dure en moyenne onze mois et dix jours; période pendant laquelle la poulinière ne devra pas être soumise à un travail excessif, sans pour autant rester inactive : un exercice modéré est conseillé qui, le dernier mois, se bornera à une promenade quotidienne. La mise bas est généralement précédée de signes avant-coureurs : la jument se montre inquiète, son regard est anxieux et douloureux, ses mamelles gonflent, elle se couche et se relève fréquemment. A ce stade du début de la parturition, les lèvres de la vulve s'écartent, laissant apparaître la poche des eaux, qui se rompt et expulse un liquide visqueux permettant la lubrification du canal de l'accouchement. Commence alors la phase d'expulsion, caractérisée par la dilatation du col de l'utérus et les premières contractions de plus en plus énergiques et fréquentes. Cette phase est de courte durée et, dans des conditions normales, le poulain se présentant par la tête naîtra très vite. Les chaleurs réapparaissent chez la jument

Le moment de la capture et du dressage dans la plaine de Xilimhot, en Mongolie.

quelques jours après la parturition et elle pourra à nouveau être fécondée par le mâle.

L'allaitement du poulain se poursuit pendant près de six à sept mois, après quoi s'effectue le sevrage. A l'état sauvage, ce passage délicat s'opère de façon naturelle, sous l'œil vigilant de la mère, tandis que, pour les sujets à l'écurie, la transition se fait progressivement, en évitant tout changement brutal.

DRESSAGE ET TRAVAIL

Le dressage du poulain pourra débuter vers le 18ᵉ mois. Cette opération, particulièrement délicate, devra être menée avec calme et patience, en évitant toute violence, tout mauvais traitement. Il s'agit de convaincre plutôt que de contraindre, sinon l'animal pourrait subir des traumatismes psychiques qui risqueraient de nuire à son activité future. Le cavalier s'efforcera d'inspirer à l'animal la confiance et la sécurité nécessaires pour le rendre calme et docile. Le poulain devra suivre une progression dans le travail, ne pas subir de fatigues excessives, risquant de susciter chez lui de l'aversion pour sa nouvelle condition, voire de l'en dégoûter. Un travail modéré favorisera le développement physique du poulain, alors qu'un effort exagéré se traduirait par une diminution de l'appétit et un affaiblissement de l'animal, avec des effets sur sa croissance qui seraient loin d'être positifs.

Le cheval devra être soumis au genre de travail qui lui convient le mieux, en fonction de sa constitution physique et de ses aptitudes. Il est important de toujours doser les exercices selon les capacités physiques du sujet, son sexe, son âge, les conditions climatiques et le cycle saisonnier. Les juments sont plus délicates que les mâles et se montrent irritables pendant la saison des chaleurs; les étalons sont plus vigoureux que les sujets castrés, mais aussi moins calmes. La chaleur, qui plus est associée à un fort degré d'humidité, accroît la difficulté du travail, tandis que le vent gêne souvent le cheval et le rend nerveux. De même, les saisons influent sur le rendement de l'animal: au printemps, le cheval déborde d'énergie et de vitalité, tandis qu'en été son appétit diminue, il transpire abondamment, ressent davantage la fatigue, supporte mal les insectes qui le gênent. L'automne est une saison de transition, au cours de laquelle le cheval éprouve encore les effets négatifs de l'été. En hiver, en revanche, il déborde à nouveau de vitalité, l'appétit augmente et le froid stimule son besoin de mouvement.

LE FERRAGE

Le pied des équidés vivant à l'état sauvage subit une usure qui est compensée par le renouvellement continu de la substance cornée. Il faut environ neuf mois pour que l'ongle soit entièrement renouvelé. La résistance du sabot est variable, dépendant du travail fourni et de la nature des terrains: si le pied est bien adapté aux terrains naturels et aux pâturages, on ne peut en dire autant des routes et des pistes de sable des hippodromes qui présentent un sol de consistance variée.

Pour cette raison, on en est venu à utiliser la ferrure, qui consiste à appliquer sous le sabot du cheval une sole de métal pour préserver de l'usure le bord plantaire. L'emploi du fer remonterait aux Cimbres (160 av. J.-C.), bien qu'à des époques plus reculées encore, certaines populations orientales en aient déjà fait usage. Les Romains utilisaient la *solea*, ou hipposandale, chaussure de fer du sabot, que l'on faisait adhérer à la surface plantaire à l'aide d'étaux et de courroies de cuir. Le fer à cheval moderne, appliqué sous le sabot à l'aide de clous, fait son apparition au Moyen Age. Le fer doit son nom au premier matériau employé à sa fabrication, et qui est toujours largement utilisé de nos jours, même si on lui préfère parfois l'aluminium ou le plastique, matériaux plus légers mais moins résistants. Le ferrage empêchant l'usure du bord plantaire du sabot, le maréchal-ferrant, au moment de procéder à un referrage, devra parer le pied, c'est-à-dire égaliser le sabot pour le ramener à ses dimensions normales.

La première ferrure est généralement pratiquée après le dressage, et vérifiée toutes les quatre ou six semaines environ; mais il est conseillé de l'effectuer le plus tard possible, afin de permettre au pied de se développer sans être comprimé par le fer.

Parfois, la croissance de l'ongle des antérieurs est plus rapide que celle des postérieurs et il faut, dans ce cas, ferrer seulement les premiers et renvoyer à plus tard le ferrage des seconds. Le sabot du cheval présente une paroi latérale oblique inclinée vers l'extérieur — constituée par une couche périoblique qui descend de la couronne — par la muraille, la partie visible du sabot, et par un plancher formé par la sole et la fourchette.

Dans le bord inférieur ou plantaire de la muraille, on distingue les pinces, les mamelles, les quartiers et les talons. La hauteur de la muraille et son inclinaison vont en diminuant de la pointe vers les talons; à l'extrémité des talons, la corne de la paroi se replie de chaque côté pour former les barres, l'espace entre les deux replis étant occupé par la fourchette. La sole est constituée par une plaque

L'opération du ferrage dans la forge d'un maréchal-ferrant. Lithographie anglaise de la fin du XIXe siècle.

cornée; sa face externe, concave, se prolonge dans la fourchette, une formation de corne épaisse et molle, mais moins consistante que les autres parties du sabot : sa souplesse lui permet d'atténuer les pressions que subit normalement le pied quand il se pose sur le sol. La fourchette comprend une pointe, une partie antérieure ou corps, deux branches terminées par les glomes, qui vont se confondre avec les talons. La substance cornée formant le dessous du sabot est produite par le kératogène; avec le coussinet plantaire, organe souple dont le rôle est d'atténuer les pressions exercées par le poids du corps et les réactions qui s'ensuivent, elle constitue la partie vivante du pied. La base du squelette du pied est représentée par la moitié inférieure de la seconde phalange, de la troisième et de l'os naviculaire.

La forme du fer, ou tournure, doit épouser exactement celle du bord plantaire du pied; ce morceau de fer est donc constitué par deux branches qui, partant de la pointe, se dirigent vers les talons. Les différentes parties du fer prennent le nom des régions correspondantes du sabot : on distingue ainsi une pointe, deux mamelles, deux quartiers et deux éponges, ces dernières coïncidant avec les talons. Le fer présente une face inférieure en contact avec le sol et une face supérieure fixée au bord plantaire de la muraille. La distance entre les deux faces représente l'épaisseur du fer; celui-ci est parfois pourvu d'accessoires, les crampons et les pinçons. Les premiers, qui sont les prolongements des éponges, repliés vers le bas et légèrement vers l'avant, sont destinés à assurer au pied une meilleure adhérence au sol, évitant à l'animal de glisser. Les pinçons, en revanche, constituent les prolongements de la rive supérieure externe. Rabattus de façon à adhérer à la muraille, ils sont posés à la pointe ou aux quartiers. Dans le premier cas, il y en aura un seul, dans l'autre, deux. Les pinçons affectent une forme triangulaire (type latin), ou en demi-lune (type allemand). Les pinçons, dont le rôle est d'assurer une adhérence plus parfaite du fer au sabot, peuvent même remplacer les clous, lorsque ceux-ci se révèlent impossibles à poser. La forme des fers épousant fidèlement celle du pied, il existe une différence entre les fers des antérieurs et ceux des postérieurs; le sabot antérieur a en effet une forme plus arrondie, le postérieur une forme plus ovale, avec la sole plus évidée. Le fer présente deux bords, appelés rives ou contours: le bord externe est convexe, l'interne concave. La face inférieure du fer est percée de trous rectangulaires, les étampures, disposés dans une rainure et destinés à loger les têtes des clous, une fois que ceux-ci auront été fixés. Les étampures sont généralement au nombre de huit, mais il existe aussi des fers à cinq étampures. On dit que les étampures sont placées « à maigre » lorsqu'elles se trouvent à proximité de la rive externe, ou au contraire « à gras », c'est-à-dire plus éloignées de la rive externe. En général, le fer déborde la limite du bord inférieur de la muraille, la partie qui dépasse s'appelant la garniture: il existera donc des fers plus ou moins garnis. La face supérieure du fer présente, en outre, un évasement vers l'intérieur qui empêche la sole d'entrer en contact avec le fer dans la phase d'appui, quand le pied subit une dilatation due aux pressions. Le ferrage constitue une opération particulièrement délicate qui, mal exécutée, peut entraîner des défauts d'aplombs et compromettre la dynamique du cheval. Tandis qu'en parant correctement le pied et en posant des fers orthopédiques, on pourra remédier à certains défauts d'aplomb et améliorer l'assiette de l'animal. Il existe enfin des fers thérapeutiques appliqués dans le cas de lésions particulières, destinés à diminuer les pressions ou à réduire les tensions (affectant par exemple les tendons) dans la phase d'appui

PSYCHOLOGIE DU CHEVAL

Contrairement à l'image déformée que poètes et écrivains ont donnée du cheval sur le plan psychologique, le courage et la témérité de cet animal relèvent de la pure imagination. En réalité, le cheval est un animal timide, craintif et plutôt paresseux; il aime la vie tranquille et, même domestiqué, garde intacts sa nature et un goût atavique de la liberté. Sa soumission à l'homme constitue en fait une sorte de compromis avec lui-même, le moyen de remédier à cet état d'insécurité qui le caractérise sur le plan psychologique. Mordre, ruer et surtout fuir, telles sont les principales armes de défense du cheval face au danger. Les fameuses charges de cavalerie, qui ont pu faire croire à tort au courage de cet animal, ne font que corroborer cette thèse: en réalité, le fracas des trompettes sur les champs de bataille désorientait le cheval, qui fuyait alors pour éviter le pire et échapper au danger dont il se croyait menacé. Il se retrouvait ainsi,

malgré lui, engagé au cœur du combat. Mis à part cette peur atavique et cette timidité, le cheval possède une intelligence et une sensibilité hors du commun. C'est un animal foncièrement bon; mais, doué d'une excellente mémoire, il n'oublie pas les mauvais traitements : il est ainsi capable de se souvenir, à des années de distance, de toutes les souffrances endurées au cours de son existence. Ses rapports avec l'homme sont basés sur la confiance : c'est en effet le sentiment d'être protégé qui le lie à l'homme, lequel devra cependant se montrer ferme et décidé, mais aussi prévenant et attentif. Le cheval, comme l'homme, possède des traits de caractère qui contribuent à définir sa personnalité. Il y a en effet des sujets paresseux, apathiques, généreux, combatifs, irritables ou flegmatiques, curieux ou indifférents, obéissants ou têtus. Le cheval témoigne aussi à l'égard de ses semblables des sentiments les plus variés, tels que l'amour, la haine, la jalousie, la reconnaissance, la sympathie ou l'antipathie. Il réussit à interpréter la volonté de l'homme au ton et à l'inflexion de la voix.
Il nourrit à l'égard de ses semblables des sentiments de sympathie et d'antipathie, plus marqués encore dans la vie à l'état sauvage, où il est capable de choisir dans le groupe les individus avec lesquels il sera lié par une sympathie particulière. Sur les champs de course, ce comportement est encore plus manifeste : on y rencontre en effet des sujets particulièrement combatifs, qui luttent à mort pour ne pas se laisser dépasser par un adversaire; d'autres, paresseux, doivent être énergiquement stimulés; d'autres encore se démoralisent et capitulent lorsqu'un adversaire s'apprête à les dépasser. Enfin, certains chevaux aiment galoper ou trotter toujours en tête, et il n'est pas toujours facile pour les cavaliers de les tenir et de tempérer leur ardeur. Les chevaux s'expriment et communiquent entre eux par des sons : le gémissement et le hennissement. Le premier, qui consiste en un son bref et faible, de tonalité grave, traduit toujours une sensation de douleur; en revanche, le hennissement, qui se présente sous des formes diverses, caractérise des situations et sentiments différents : l'émission de sons aigus et prolongés, répétés, exprime la joie; en revanche, brefs et aigus, ils traduisent la colère; prolongés et se terminant sur des tons graves et répétés, ils révèlent le désir; de tonalité grave et brefs, presque étouffés, ils expriment l'effroi. Le cheval peut également manifester ses humeurs par le mouvement de ses pavillons auriculaires. Lorsque l'animal porte simultanément les deux oreilles en arrière en les rabattant sur la nuque, il est facile de prévoir une intention de révolte, voire le désir de mordre et d'agresser; la même position, mais avec les oreilles immobiles, surtout lorsque le cheval est en mouvement, traduit un état de tension qui pourrait se manifester par des défenses à l'égard du cavalier. Le fait pour le cheval de maintenir les oreilles immobiles et d'avancer la tête en les remuant de temps à autre dénote un état d'insécurité et de peur. Des pavillons auriculaires qui pendent passivement traduisent un désintérêt de l'animal pour ce qui l'entoure, bien qu'il continue à percevoir les sons et les bruits, mais avec une certaine indifférence. Enfin, lorsque l'animal est en mouvement et que les pavillons sont tournés vers l'avant, mais légèrement

Le cheval est généralement très sociable avec les autres animaux, comme en témoigne cette photographie prise sur un terrain de golf en Jamaïque.

inclinés, ce qui lui donne un port hardi et assuré, il prend là son attitude la plus franche.

A l'égard des autres animaux, le cheval est assez sociable, notamment vis-à-vis du chien et de la chèvre, dont il goûte particulièrement la compagnie. Cependant, certains chevaux peuvent présenter des troubles de caractère ou des vices de comportement, qui souvent déprécient leur valeur marchande. Certains de ces vices consistent dans la persistance, même après dressage, des moyens de défense habituels : c'est le cas des chevaux qui ruent, mordent, s'emballent, donnent des coups de pied. Le cheval qui s'emballe se soustrait à l'action des rênes sur le mors et fuit à toute allure, perdant jusqu'à l'instinct de conservation : ce défaut se rencontre chez les animaux peureux, nerveux, à la bouche particulièrement dure ou au contraire trop sensible, mais peut aussi résulter de défauts de la vue ou de douleurs aux reins. D'autres vices consistent en des défenses anormales et inhabituelles, comme d'attaquer l'homme, refuser de se laisser mener, faire volte-face, se cabrer, refuser de se laisser monter, ou se défendre sitôt monté; dans cette catégorie entrent également les chevaux ombrageux, rétifs, qui reculent ou serrent l'homme contre le mur. Certains vices résultent de mauvaises habitudes : s'encapuchonner, encenser, porter au vent. Le cheval qui s'encapuchonne, comme celui qui au contraire porte au vent, se soustrait à l'action des rênes, ce qui le rend difficile à mener. Certains comportements, enfin, sont qualifiés à tort de vicieux parce qu'ils révèlent une ruse particulière ou traduisent des exigences spécifiques : cheval qui se gonfle, gratte le sol, se libère de la longe, se frotte la queue, claque les lèvres, se couche en vache, se couche

Se humer est pour les chevaux un moyen de faire connaissance.

dans l'eau, se couche après la pose du harnais, jette l'avoine à terre, mange trop de paille, prend l'embouchure du mors entre les dents, ronge la couverture, se déferre, se marche sur les pieds et a des tics. Le tic dénote toujours un état de tension nerveuse, dû parfois à l'inactivité prolongée, comme dans le cas du « tic de l'ours », où le cheval se balance d'un antérieur sur l'autre; dans le « tic d'appui », le cheval serre entre les dents le bord de la mangeoire ou de la porte du box, émettant un bruit caractéristique produit par la déglutition de l'air. De même, dans le tic « aérophagique », l'aérophagie se produit au moment où le cheval relève la tête vers le haut.

LES ALLURES

Les allures naturelles du cheval sont le pas, le trot, l'amble et le galop. Chacune de ces allures comporte deux phases, le lever et l'appui. Le lever à son tour comprend le lever du pied qui se détache du sol, la propulsion et la suspension; l'appui s'accomplit également en deux temps, d'abord sur la pointe, puis sur les talons. Le pas est une allure marchée à quatre temps, chaque pied quitte le sol un par un dans l'ordre suivant : postérieur droit, antérieur gauche, postérieur gauche, antérieur droit. Dans le trot, qui est une allure sautée à deux temps, le cheval déplace simultanément ses bipèdes diagonaux : antérieur droit et postérieur gauche, puis antérieur gauche et postérieur droit ou vice versa. Le galop est une allure sautée à trois temps : le cheval pose d'abord un postérieur, puis le bipède diagonal opposé, enfin l'antérieur. Le galop de course s'effectue en quatre temps, la battue du bipède diagonal étant dissociée en deux temps. L'amble est comme le trot une allure sautée à deux temps, dans laquelle le cheval se déplace en posant simultanément les deux jambes d'un même côté : le cheval déplace donc en même temps l'antérieur et le postérieur d'un côté, puis ceux du côté opposé.

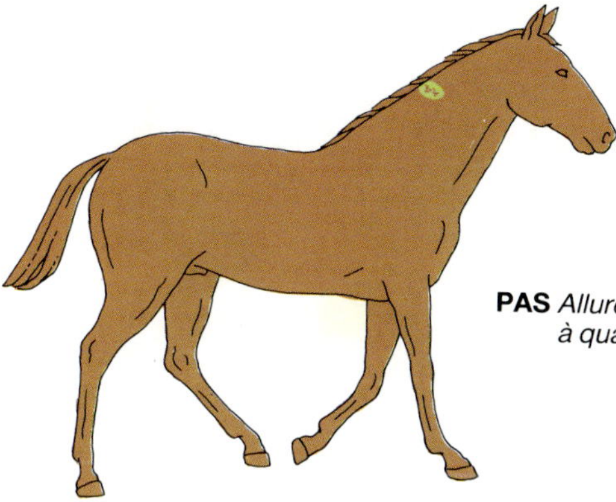

PAS *Allure marchée à quatre temps*

TROT *Allure sautée à deux temps*

AMBLE *Allure sautée à deux temps où le cheval se déplace par bipèdes latéraux*

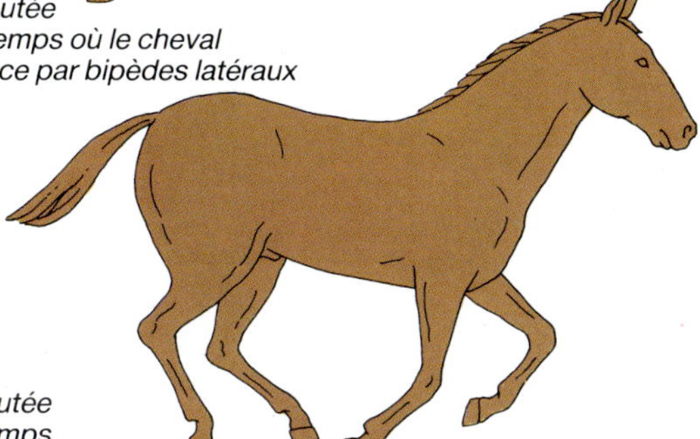

GALOP *Allure sautée à trois temps*

LES APLOMBS

Un cheval non seulement doit montrer un développement harmonieux des différentes régions du corps, mais il faut aussi, lorsqu'il est d'aplomb ou à plomb, c'est-à-dire placé sur ses quatre membres de façon que le poids du corps soit également réparti entre eux, que ses aplombs soient corrects, sans défauts apparents. Les aplombs sont jugés corrects lorsque les huit verticales imaginaires abaissées respectivement et simultanément de la pointe de l'épaule (articulation scapulo-humérale), du milieu de la face externe de l'avant-bras, de la pointe de la fesse et de la pointe du grasset (articulation fémur-tibia-rotule) présentent des rapports bien précis en regard de la position des membres et de leur plan d'appui. On jugera si les aplombs sont corrects en examinant l'animal de face, de profil et par-derrière. En ce qui concerne les membres antérieurs, l'aplomb sera parfait si la verticale abaissée de la pointe de l'épaule tombe à terre à environ 10 cm en avant de la pointe du pied, et si l'autre verticale abaissée du milieu de la face externe de l'avant-bras divise en deux parties égales le genou, le canon, le boulet, et vient tomber un peu en arrière du talon. L'aplomb de profil est correct, si la verticale abaissée de la pointe de l'épaule divise en deux parties égales la face antérieure de l'avant-bras, du genou, du canon, du boulet, du paturon et la paroi antérieure du pied, pour aboutir sur la pointe du pied. Pour les membres postérieurs, les aplombs sont jugés corrects si la verticale abaissée de la pointe de la fesse suit la tangente par rapport à la pointe du jarret et la face postérieure du canon, tandis que la verticale abaissée de la pointe du grasset aboutit un peu en avant de la pointe du pied. En revanche, lorsque les aplombs sont examinés de derrière, la verticale abaissée de la pointe de la fesse divise en deux parties égales les faces postérieures du jarret, du canon, du paturon, avant d'aboutir entre des deux glomes. Si la position des membres par rapport aux verticales est déviée, l'aplomb est défectueux et le sujet, selon les cas, peut être : campé du devant, sous lui du devant, brassicourt (arqué), genou creux (de mouton), serré du devant, trop ouvert du devant, cagneux, panard, genoux de bœuf, sous lui du derrière, droit sur les jarrets, exagérément clos, cambré du derrière, serré du derrière, ouvert du derrière, court jointé et long jointé. Des aplombs défectueux ont une influence fortement négative sur la dynamique de l'animal. Le cheval sous lui du devant a ainsi tendance à trébucher, à forger et à se couper; le cheval campé du devant est doté d'une action plus lente; celui serré du devant ou du derrière se touche facilement et se blesse surtout au trot, on dit alors que le cheval « ne trouve pas le passage »; le cheval panard a tendance à « billarder » (la pointe des pieds tourne vers l'extérieur), tandis que le cagneux se touche et se blesse facilement, surtout au trot et au galop; le sujet brassicourt a tendance à trébucher; trop ouvert du devant, il présente une allure souvent oscillante et est sujet à des contusions au pied; droit sur les jarrets, il tend à glisser; ouvert du derrière, il a tendance à chanceler; sous lui du derrière, à glisser et à « forger » (les pieds postérieurs frappent les antérieurs).

MEMBRES ANTÉRIEURS
Vue de face

1 Aplombs corrects
2 Serré du devant
3 Trop ouvert du devant
4 Cagneux
5 Panard

1

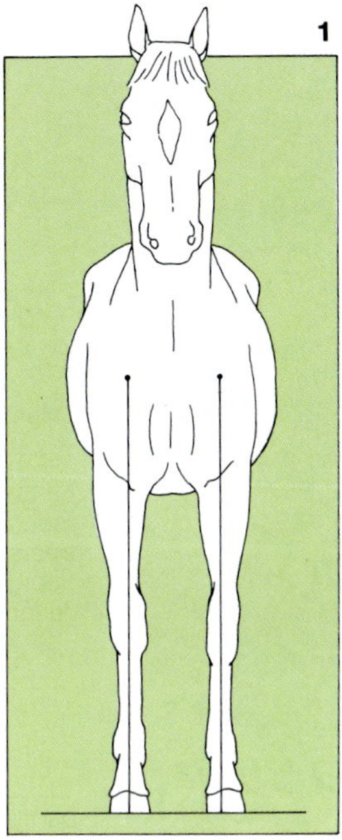

2

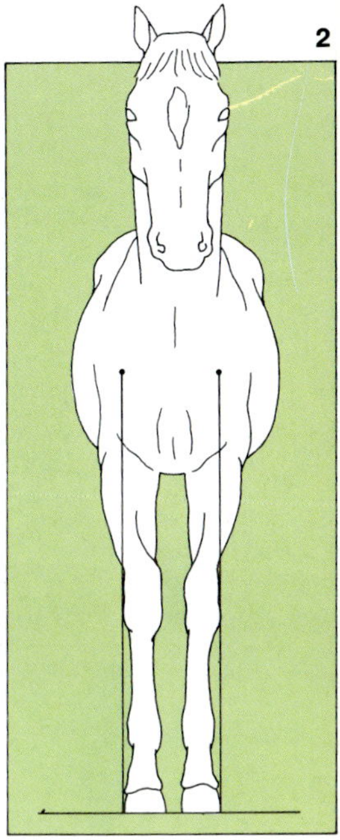

3

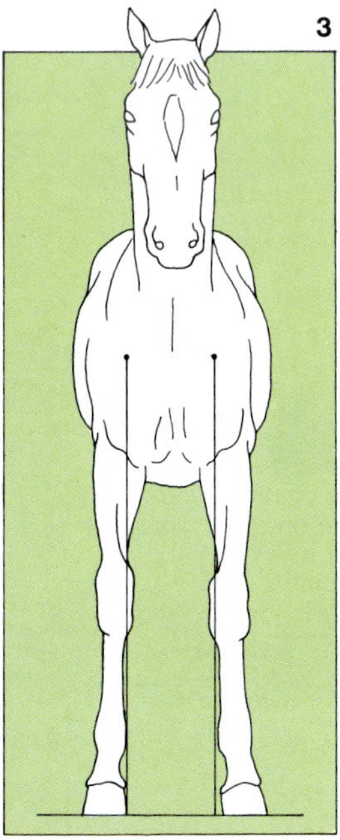

4

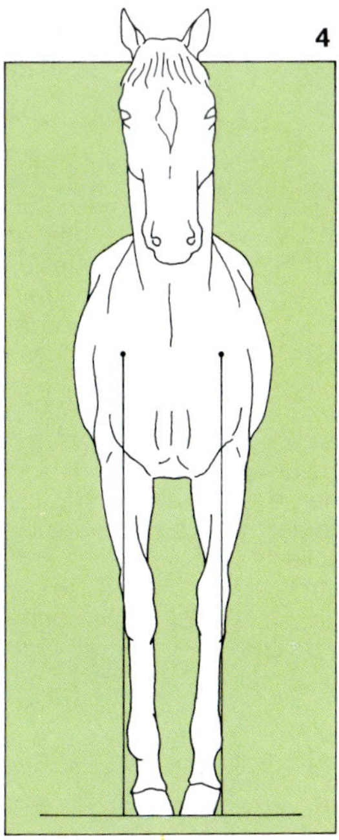

5

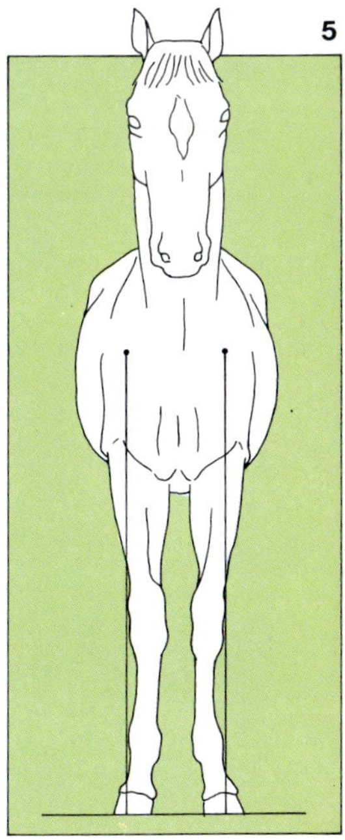

1 Aplombs corrects
2 Sous lui du derrière
3 Droit sur les jarrets
4 Creux

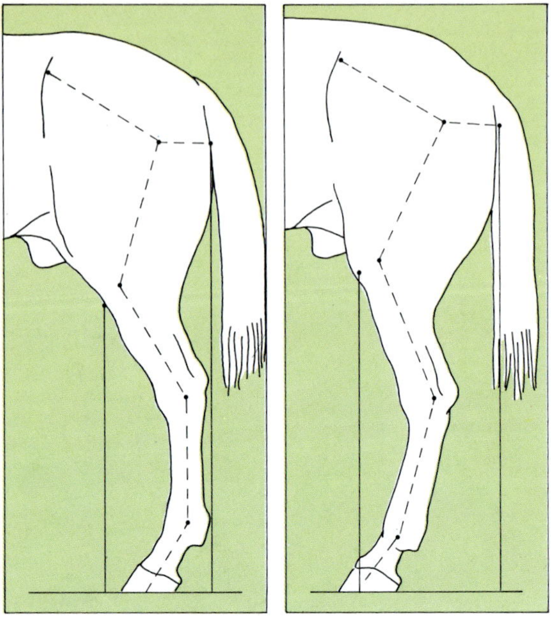

1 2

MEMBRES POSTÉRIEURS **Vue latérale**

3 4

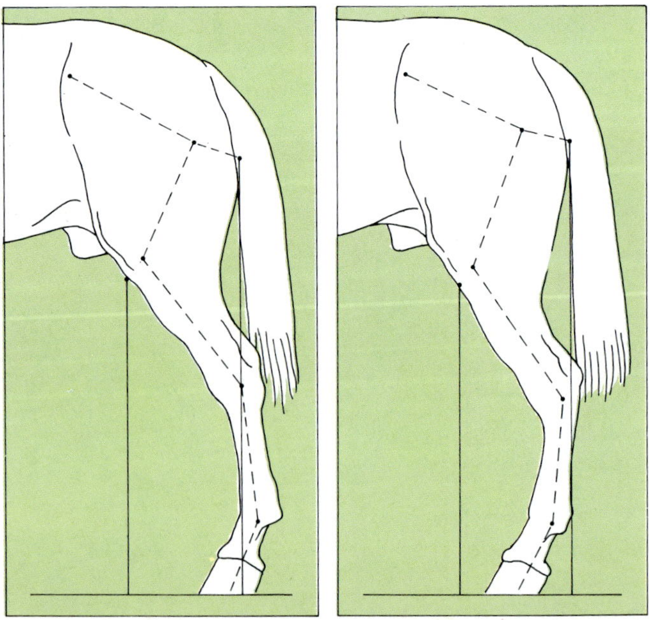

MEMBRES POSTÉRIEURS
Vue de derrière

1 Aplombs corrects
2 Serré du derrière
3 Ouvert du derrière
4 Genoux de bœuf
5 Cambré du derrière

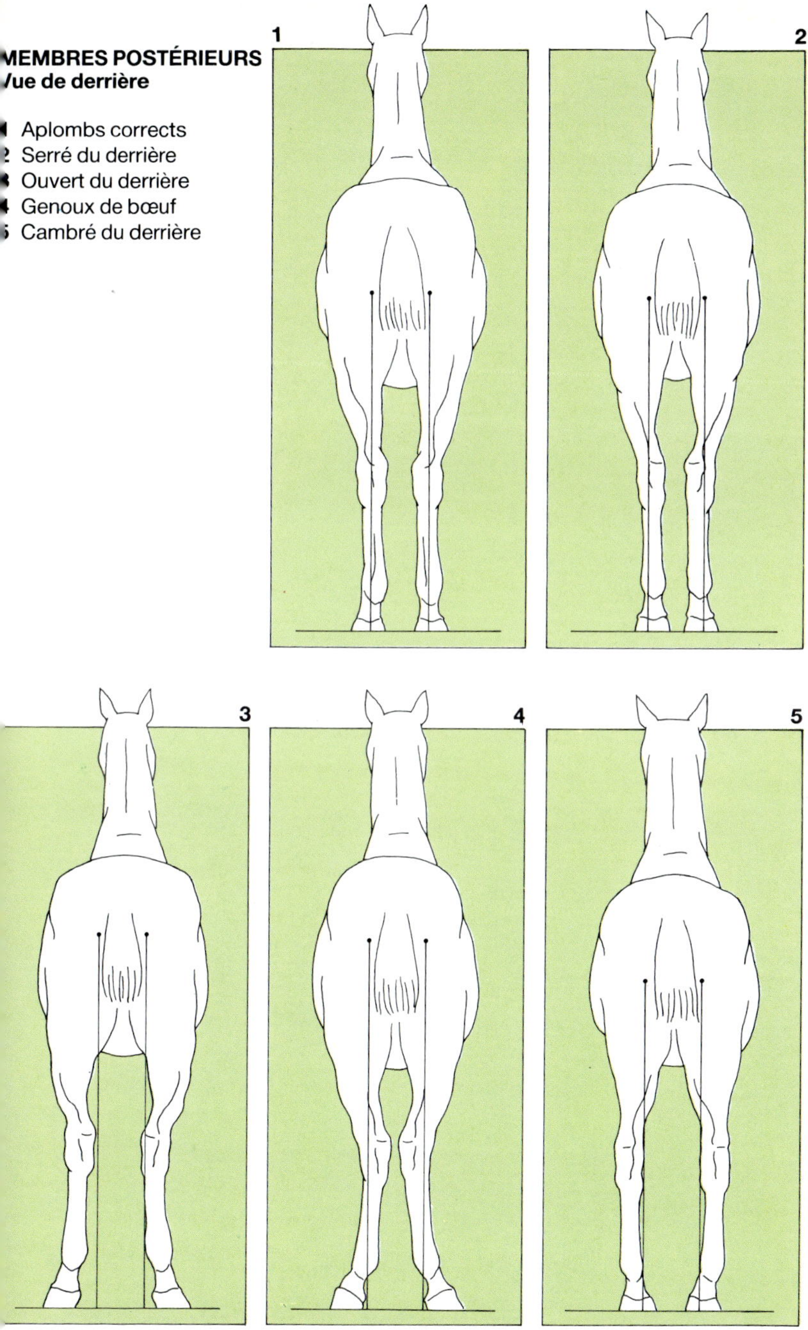

MEMBRES ANTÉRIEURS Vue latérale

1 Aplombs corrects
2 Brassicourt (arqué)
3 Genoux creux ou de mouton
4 Campé du devant
5 Sous lui du devant

1

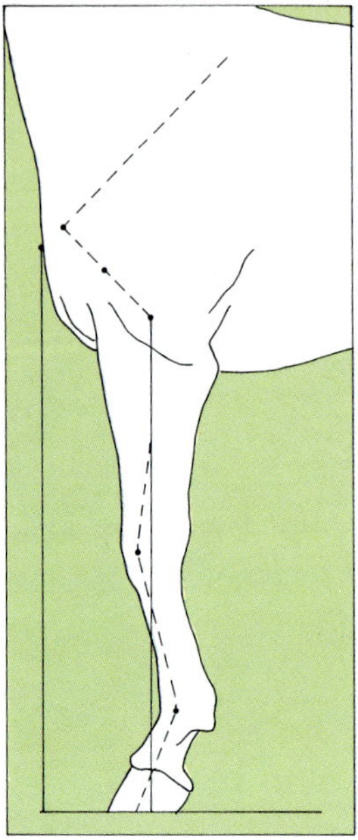

2

Page ci-contre :

1 Membre antérieur long jointé
2 Membre postérieur long jointé
3 Membre antérieur court jointé
4 Membre postérieur court jointé

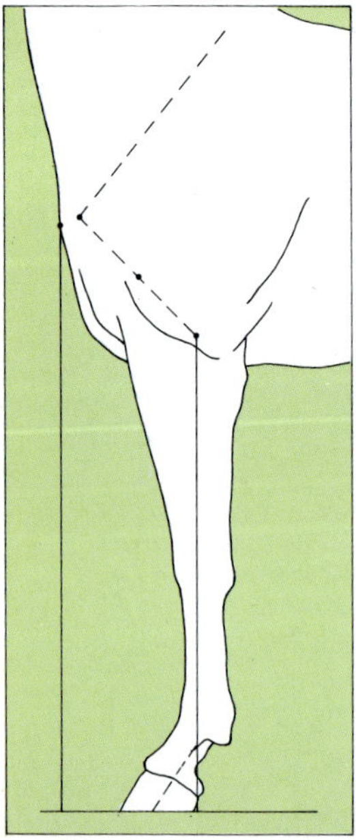

3

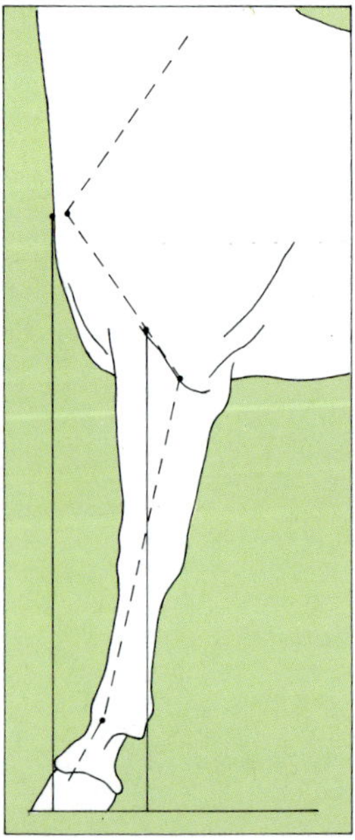

4

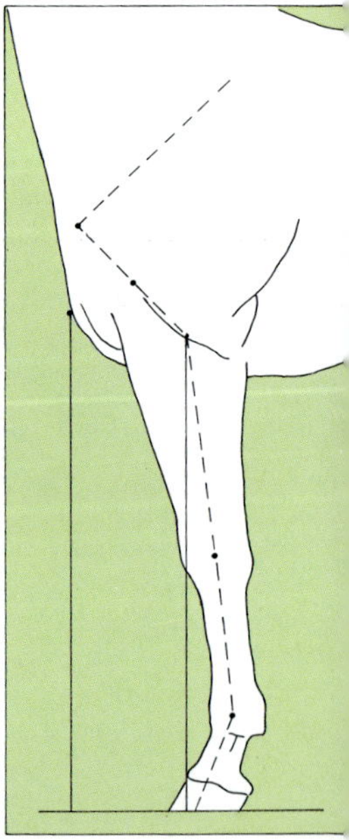

5

DÉFAUTS D'INCLINAISON DU PATURON MEMBRES ANTÉRIEURS ET POSTÉRIEURS

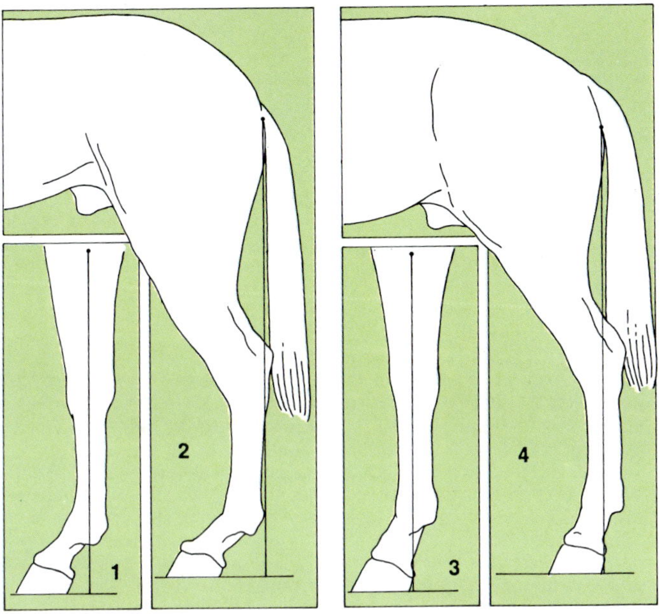

LES ROBES

La robe désigne l'ensemble des poils et des crins qui recouvrent le corps du cheval et le protègent des agents atmosphériques. Elle constitue un élément particulièrement important du signalement de l'animal, qui l'identifie et le distingue des autres individus appartenant à la même race. Les robes diffèrent par la couleur et les nuances variées, mais aussi par certaines particularités qui permettent de reconnaître avec une certaine précision un sujet d'un autre. Il convient de souligner, par ailleurs, que le poulain arbore souvent une robe différente de celle qu'il adoptera adulte; mais, même dans ce cas, il est possible de prévoir sa couleur définitive d'après la couleur de la tête. Les particularités de la robe sont sans conteste plus stables et ne sont pas sujettes à des modifications. En outre, la robe subit l'influence des saisons : en été, elle est moins fournie par suite de la perte de nombreux poils (mue) et peut même varier de nuance; l'hiver, elle est plus longue et fournie, et là où le climat est plus rigoureux, elle revêt l'aspect d'une fourrure. Une même robe peut offrir des nuances diverses. On distingue les robes simples (blanc, alezan, noir), formées de poils et de crins d'une seule couleur; les robes composées soit à deux couleurs séparées (bai, isabelle, souris), soit à deux couleurs mélangées (aubère et gris); les robes à trois couleurs (rouan); et celles à deux pelages (robe pie). Caractérisée par une teinte uniforme et l'absence de taches ou de poils blancs, la robes est dite *zain*; *rubican* si le fond est bai, alezan, noir,

isabelle; *pommelée* lorsque le fond est parsemé de taches rondes de même couleur, mais de tons différents; *cap de maure* si l'ensemble de la robe est gris tandis que la tête et les membres sont noirs.
En fonction de leur étendue et de leur forme, les marques blanches sur la tête sont dites : *étoiles*, sur le front; si la marque est à peine esquissée, on notera *quelques poils sur la tête*; étendue sur le chanfrein, on parlera d'*étoile prolongée dans les naseaux*. La *liste* est une bande blanche couvrant le chanfrein dans le sens de la longueur. Si l'étoile et la liste s'étendent sur toute la longueur et la largeur, le cheval est dit *belle face*, et sur une seule moitié, *belle face déviée* (*à droite* ou *à gauche*). On parlera aussi de large *liste qui boit dans son blanc* aux deux lèvres, ou de *belle face qui boit dans son blanc* à la lèvre supérieure ou inférieure.
Si un sujet présente une tache rose recouverte de duvet soyeux entre les naseaux, on dira qu'il est *lisse entre les naseaux*. Les *ladres* sont des zones de peau dépourvues de pigments et de poils, comme les lèvres et les naseaux. La *raie de mulet* est une bande sombre qui part du garrot et suit la colonne vertébrale jusqu'à la queue.
Les *balzanes* sont des marques blanches localisées dans la partie inférieure d'un ou plusieurs membres. En fonction de son étendue et de la partie recouverte du membre, la balzane est dite : *trace de balzane* (elle occupe seulement une partie de la couronne); *petite balzane* (elle fait le tour complet du paturon); *balzane chaussée* (elle atteint le genou et le jarret); *balzane haut-chaussée* (elle dépasse ces régions). Selon le nombre de balzanes, on parlera de balzane un, balzane deux, balzane trois ou balzane quatre.
D'autres particularités de la robe sont précieuses pour identifier le sujet, surtout s'il est dépourvu de marques. Une robe peut, en outre, être *tigrée*, avec des zébrures, bandes noires transversales s'étendant notamment sur les membres.
Certaines particularités dites individuelles facilitent également l'identification d'un sujet; elles sont représentées par des *marques accidentelles* formées par des poils blancs apparus à la suite de blessures, contusions, écorchures ou compressions par la selle, le harnais, ou le harnachement en général; d'autres marques accidentelles sont les cicatrices ou marques au fer. Il existe enfin des particularités indépendantes de la robe, il s'agit de dépressions musculaires localisées : le *coup de lance* (à la pointe de l'épaule), le *coup de hache* (au début du garrot).

ROBES SIMPLES (à une seule couleur)

Blanc : poils blancs sur peau rose
- immaculé (*brillant*)
- argenté (*argenté*)
- porcelaine (*bleuâtre*)
- sale (*jaunâtre*)

Noir : poils noirs
- franc (*uniforme*)
- mal teint (*à reflets rougeâtres*)
- de jais (*soutenu et brillant*)

Alezan : poils du jaune au rouge
- clair (*rouge à reflets jaunes*)
- doré (*couleur or*)
- foncé (*brun*)
- brûlé (*café torréfié*)
- cerise ou franc (*cerise mûre*)
- bronzé (*couleur bronze*)
- lavé (*tirant sur le blanc*)

1

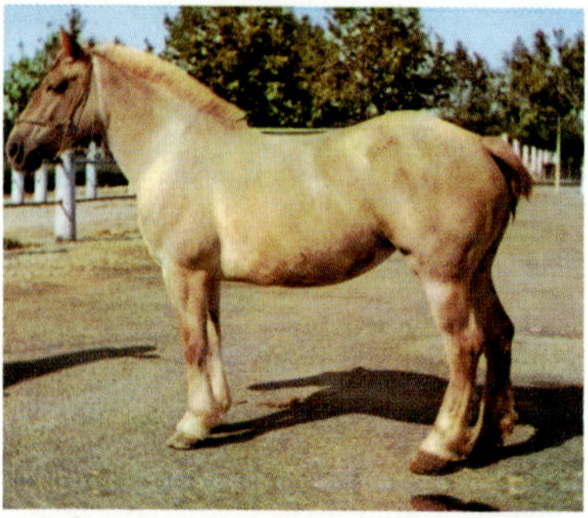

3

2

4

ROBES COMPOSÉES

(à deux couleurs mélangées)

1 Aubère ou **pêchard** ou **fleur de pêcher :**
poils blancs et jaunes ou rouges
- clair (*à prédominance de blanc*)
- foncé (*à prédominance de jaune*)

2 Gris : mélange de poils noirs et blancs, parfois aussi de poils rouges
- clair (*tirant sur le blanc*)
- foncé (*tirant sur le noir*)
- fer (*brillant tirant sur le noir*)
- argenté (*brillant tirant sur le blanc*)
- étourneau (*noir avec des touffes blanches éparses*)
- pommelé (*avec des touffes blanches arrondies*)
- moucheté (*à petites taches noires éparses*)
- vineux (*mélangé de poils rouges*)
- tourdille (*à touffes de poils rougeâtres*)
- blanc (*poils blancs sur peau noire*)

ROBES COMPOSÉES

(à deux couleurs séparées)

3 Louvet : poils jaune foncé, noirs aux extrémités
- cerf (*jaunâtre foncé*)

4 Isabelle : poils jaune clair jusqu'aux genoux et aux jarrets, noirs en dessous; crins noirs
- clair (*tirant sur le blanc*)
- soutenu (*tirant sur le jaune*)
- doré (*jaune plus brillant*)

5 Souris : poils couleur de plomb, noirs aux extrémités; crins noirs
- clair
- foncé

7

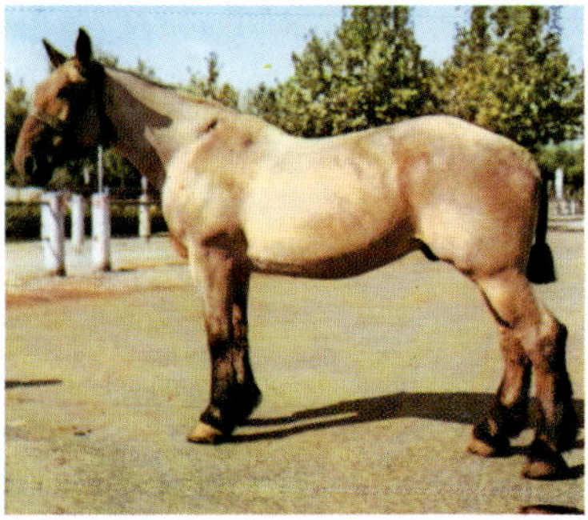

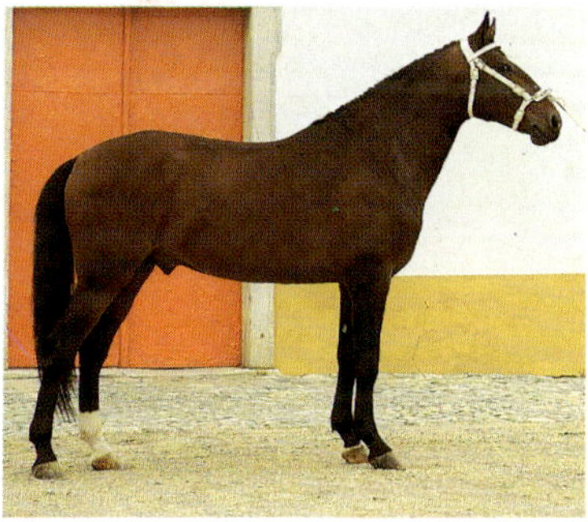

8

6 Bai : poils rousseâtres, noirs aux extrémités; crins noirs

- brun (*presque noir*)
- foncé (*rouge brun*)
- châtain (*couleur de châtaigne*)
- cerise (*cerise mûre*)
- doré (*à reflets d'or*)
- clair (*mat*)
- lavé (*presque blanc sur le bout du nez, le ventre, les flancs et l'intérieur des cuisses)*

ROBES COMPOSÉES

(à trois couleurs)

7 Rouan : poils blancs, rouges et noirs

- clair (*à prédominance de blanc*)
- soutenu (*à prédominance de noir*)
- vineux (*à prédominance de rouge*)

8 ROBES PIE

(à deux couleurs distinctes dont l'une est toujours blanche)

Baie pie : *fond bai à taches blanches*
Alezan pie : *fond alezan à taches blanches*
Noir pie : *fond noir à taches blanches*
Pie blanc : *fond blanc à taches noires*
Pie alezan : *fond blanc à taches alezanes*
Pie bai : *fond blanc à taches bai*

LES MARQUES SUR LA TÊTE

1

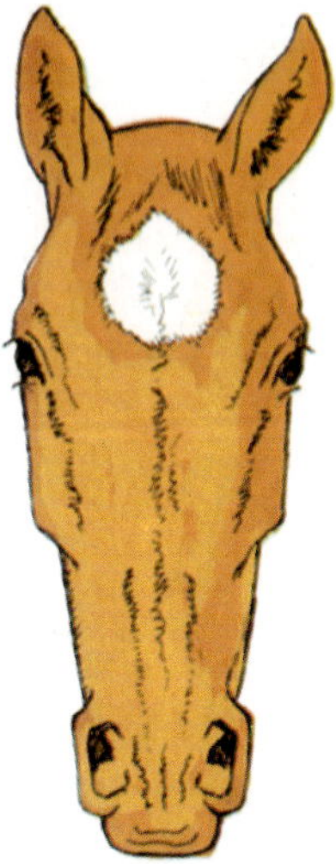

2

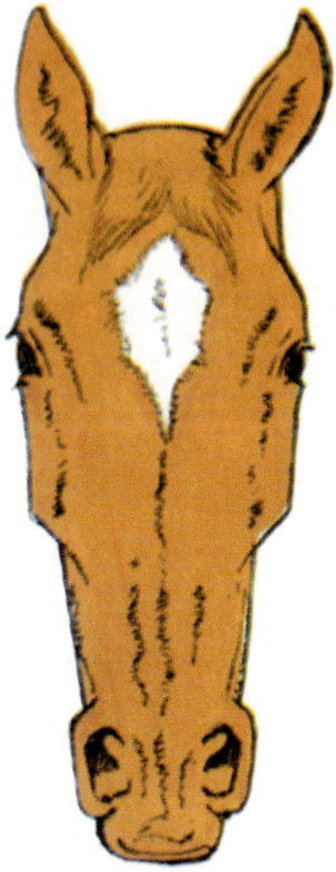

3

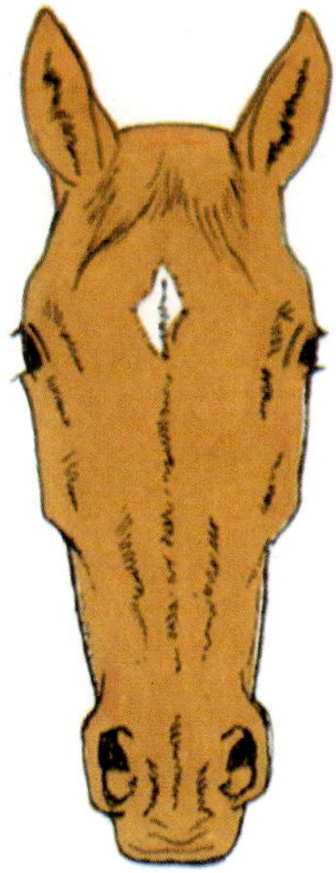

1 En-tête (ronde, ovale, en poire renversée, en forme de cœur, de demi-lune, de croissant de lune)
2 Étoile (irrégulière, triangulaire, polygonale, en accent circonflexe linéaire oblique, courbe)
3 Fleur sur le front (étoile à peine accentuée)
4 Liste (fine, large, très large, irrégulière, déviée, interrompue, interrompue et reprise, sinueuse)
5 Étoile prolongée

4

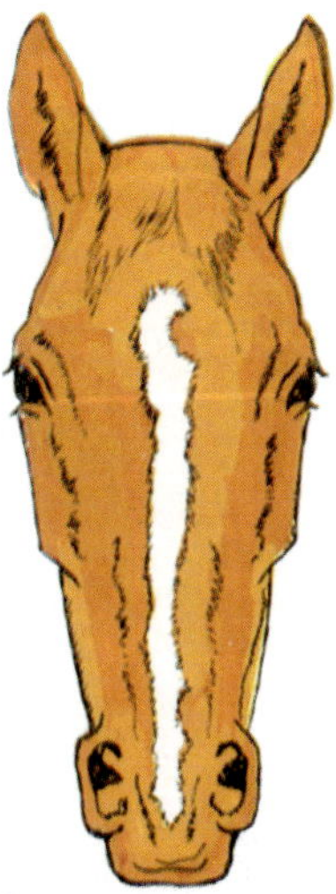

5

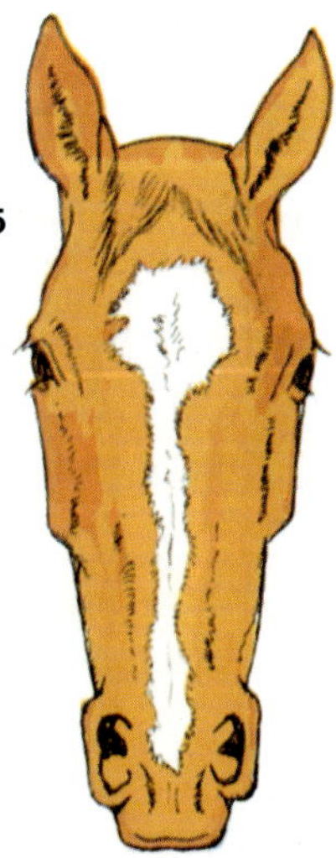

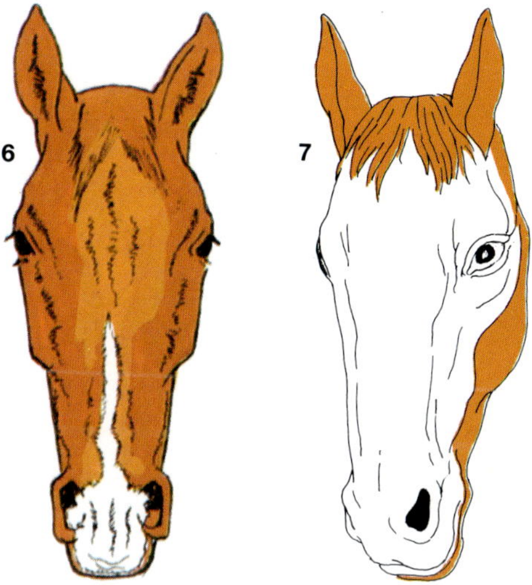

6 Buvant dans le blanc (à la lèvre supérieure, la lèvre inférieure, les deux lèvres)
7 Masque (belle face, demi-belle face)

LES BALZANES

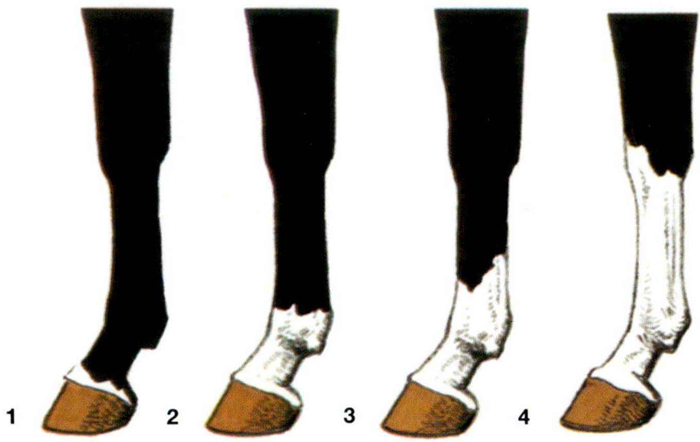

1 Trace de balzane
2 Petite balzane
3 Balzane chaussée
4 Balzane haut-chaussée

PARTICULARITÉS DE LA ROBE

- **Épi spiralé**

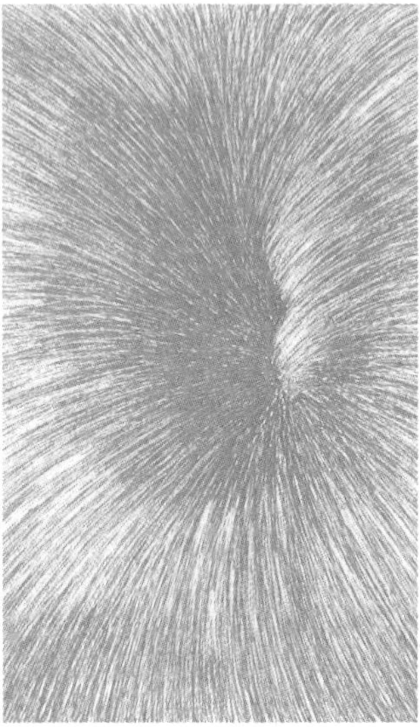

- **Épi penné**

DOMESTICATION EN ÉVOLUTION

Les races chevalines actuelles dérivent des races primitives qui attirèrent l'attention des premiers hommes. La controverse se poursuit encore sur la question de savoir quel peuple a, le premier, réussi à domestiquer le cheval. Selon certains, les Aryens et les Scythes, populations nomades très anciennes, auraient les premiers soumis à leur volonté le cheval, qu'ils utilisaient déjà plus de 2 000 ans avant J.-C. D'autres attribuent le mérite de sa domestication aux Chinois, aux alentours de 3 500 ans avant J.-C. Une chose est sûre, depuis, l'homme n'a cessé de se servir du cheval, qui a constitué pour lui un instrument exceptionnel de progrès. Mais, si le cheval a conditionné et facilité la marche de l'humanité vers la civilisation, inversement, grâce à l'intervention de l'homme, une sélection s'est opérée au cours des siècles, qui a permis de fixer les caractères de l'animal, si bien qu'on peut affirmer que le progrès même de l'humanité a favorisé et accompagné le développement de l'évolution de l'espèce chevaline. L'homme a cherché à fixer les caractères qui ont contribué à rendre le cheval apte à remplir les emplois auxquels on le destinait. L'objectif qui a guidé l'homme a donc été exclusivement utilitaire.
De nombreuses races se sont formées, puis ont disparu, cédant la place à d'autres, qu'elles ont contribué, directement ou indirectement, à former.

Ci-dessous : Marché aux chevaux, *extrait d'un manuscrit turc conservé au musée Correr de Venise.*
En bas : Combat à cheval, *de la* Chronique *de Giovanni Villari,* XIV*e siècle (Rome, bibliothèque Vaticane).*

La plupart des services auxquels le cheval était destiné dans le passé sont devenus caducs ou ont été repensés : travaux des champs, transport individuel ou collectif de personnes et de marchandises, emploi de la cavalerie à la guerre appartiennent désormais au passé. Toutefois, de nombreuses races ont survécu grâce à la passion de quelques éleveurs : l'avenir du cheval est donc lié à son emploi dans les domaines de la compétition et du sport, mais aussi à la découverte d'une nouvelle dimension, de nouvelles valeurs naturelles.

Page ci-contre : calèche tirée par quatre chevaux Lipizzan.
Ci-dessous : pendant des siècles, le cheval a fourni la force de travail essentielle, en particulier en agriculture.

DIVERS TYPES D'EMPLOIS

Avec l'avènement de la motorisation, un grand nombre d'emplois traditionnels, auxquels le cheval était destiné pendant des siècles, ont été totalement ou en partie dépassés par l'usage des machines. Cette constatation vaut notamment pour l'utilisation du cheval à la guerre, lorsque la cavalerie a été remplacée par les troupes cuirassées. De même, en agriculture et dans le domaine des transports en général, le changement en un peu plus d'un demi-siècle a été radical, tandis que les diligences, puis les omnibus citadins disparaissaient, que le transport hippomobile était remplacé par l'automobile. Il n'est plus resté au cheval, comme champ d'action, que le sport et le loisir. L'élevage chevalin s'est ainsi orienté de plus en plus vers les races de course, de trot ou de galop, ou encore vers la production de chevaux de polo ou de sujets de selle aptes aux sports équestres. De nombreuses races, jadis affectées aux travaux agricoles, notamment en montagne, se sont reconverties dans le tourisme équestre, une activité née du besoin d'évasion des grandes villes, de la redécouverte d'un mode de vie plus proche de la nature, davantage à la mesure de l'homme. On a vu surgir ainsi une foule d'écoles

d'équitation et de centres équestres, créés pour mettre en selle tous les amateurs désireux de consacrer leurs loisirs à cette activité et d'apprendre les premiers rudiments de l'art de l'équitation. D'autres races, jadis célèbres comme carrossiers de luxe, sont devenues des chevaux aptes aux diverses disciplines équestres. De type médioligne qu'ils étaient, les chevaux ont adopté peu à peu une forme longiligne, tandis que leur stature augmentait et qu'ils acquéraient une morphologie plus adaptée à leur nouvelle utilisation. D'autres races encore, n'ayant pas réussi à s'intégrer dans le nouveau contexte créé, ont malheureusement disparu. Quoi qu'il en soit, un grand nombre de races, qui ont vu au cours du temps leur utilisation ancienne devenir caduque, ont subsisté grâce au courage et à la passion de quelques éleveurs. Toutes les races actuelles présentent, comme dans le passé, des particularités morphologiques adaptées aux fonctions auxquelles elles sont destinées. Mais appartenir à une race déterminée ne suffit pas; seuls en effet les sujets dotés des conditions requises rempliront avec succès leurs fonctions, tandis que d'autres sujets, de même race pourtant, mais affligés de défauts qui limitent leurs prestations, ne pourront malheureusement pas être employés utilement.

Type d'utilisation	Qualités physiques	Qualités morales	Encolure
Type léger	élégance, vitesse et résistance	tranquille mais vif	proportionnée et bien musclée
Trait lourd lent	résistance	coopératif	courte et musclée
Trait lourd rapide	résistance et vitesse	tranquille mais énergique et vif	courte et musclée
Travaux agricoles	résistance	coopératif	courte et musclée
Polo	bonne détente et agilité	équilibré	proportionnée et musclée
Chasse	agilité, vitesse et fond	énergique et vif	longue et bien musclée
Équitation	élégance	tranquille	proportionnée et musclée
Courses de trot	vitesse et fond	équilibré mais nerveux	longue et musclée
Courses d'obstacles	vitesse et fond	équilibré mais nerveux	longue et musclée
Courses de galop	vitesse et fond	équilibré mais nerveux	longue et musclée
Concours hippique	agilité	équilibré	longue et musclée
Dressage	élégance	équilibré	longue et musclée
Concours complet d'équitation	agilité et fond	équilibré	longue et musclée
Raids	fond	tranquille et fiable	proportionnée et musclée
École d'équitation	résistance	tranquille et fiable	proportionnée et musclée
Tourisme équestre	résistance	tranquille et sûr	proportionnée et musclée

Épaule	Membres	Tronc	Défauts
longue et inclinée	proportionnés et musclés	poitrine ample, thorax large et profond; ligne dorso-lombaire longue et droite; croupe musclée	aplombs incorrects
droite et puissante	courts et solides, canon et paturon courts; pied large; quartiers postérieurs développés	poitrine ample et puissante; thorax large; ligne dorso-lombaire courte; croupe ample et musclée	pied petit et fragile
longue et puissante, bien inclinée	courts et musclés; canon et paturon courts; pied large; quartiers postérieurs développés	poitrine ample et puissante; thorax large; ligne dorso-lombaire courte, croupe ample et musclée	pied petit et fragile
droite et puissante	courts et solides; canon et paturon courts; pied large; quartiers postérieurs développés	poitrine ample et puissante; thorax large; ligne dorso-lombaire courte; croupe ample et musclée	pied petit et fragile
longue et inclinée	proportionnés et musclés	poitrine et thorax amples; ligne dorso-lombaire courte et droite	aplombs défectueux
longue et inclinée	longs et bien musclés	poitrine ample; thorax large et profond; ligne dorso-lombaire longue et droite; croupe musclée	aplombs défectueux
longue et inclinée	solides	poitrine ample; thorax large et profond; ligne dorso-lombaire courte et droite; croupe musclée	aplombs défectueux
longue et inclinée	longs et bien musclés; avant-bras long; canon court; paturon correctement incliné	poitrine large; thorax ample et profond; ligne dorso-lombaire courte et droite; croupe musclée	canon long, ligne dorso-lombaire courte
longue et inclinée	longs et bien musclés; paturon correctement incliné	poitrine large; thorax ample et profond; ligne dorso-lombaire longue et droite; croupe musclée	paturon long, tendons peu résistants
longue et inclinée	longs et musclés; paturon correctement incliné; pied petit et solide	poitrine large; thorax ample et profond; ligne dorso-lombaire assez longue et droite	poitrine et thorax étroits; tendons peu résistants
longue et inclinée	longs et bien musclés; paturon correctement incliné	poitrine large; thorax ample; ligne dorso-lombaire longue et droite; croupe musclée	paturon long; tendons peu résistants
longue et inclinée	longs et bien musclés	poitrine large; thorax ample et profond; ligne dorso-lombaire longue et droite; coupe musclée	formes peu harmonieuses
longue et inclinée	longs et bien musclés; paturon correctement incliné; tendons résistants	poitrine large; thorax ample et profond; ligne dorso-lombaire longue et droite; croupe musclée	tendons peu résistants
longue et inclinée	solides et bien musclés	poitrine large; thorax ample et profond; ligne dorso-lombaire longue et droite; croupe musclée	tendons peu résistants; membres fragiles
longue et inclinée	solides	poitrine large; thorax ample et profond; ligne dorso-lombaire longue et droite; croupe musclée	membres fragiles; sujets ombrageux
longue et inclinée	solides et musclés	poitrine large; thorax ample et profond; ligne dorso-lombaire longue et droite; croupe musclée	membres fragiles; sujets ombrageux

CHEVAUX DE SELLE, DE TRAIT LÉGER, DE BÂT

1 ARABE

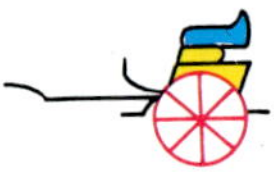

Race Arabe.
Origine Arabie Saoudite.
Aptitudes Selle et trait léger rapide.
Qualités Vitesse et fond, sobre et peu exigeant.
Caractère Nerveux.
Morphologie Type médioligne. Hauteur au garrot: 1,45-1,55 m, dans certains cas moins de 1,45 m. Poids: 380-450 kg. Robe: gris, bai, alezan, noir, rouan. Tête petite, profil rectiligne ou légèrement camus, front large, oreilles petites et pointues, œil grand et expressif, larges naseaux, lèvres minces. Encolure allongée, bien arquée et large à la base, crinière longue et abondante. Garrot bien détaché et sec; ligne dorso-lombaire droite, dos court (17 vertèbres dorsales au lieu de 18), reins courts (5 vertèbres lombaires au lieu de 6) et larges, croupe également ample et horizontale, queue attachée haut, fournie et portée avec élégance; poitrine musclée, thorax large et profond, ventre plutôt rentré, épaule longue et inclinée. Membres musculeux, dotés d'articulations longues, tendons secs et bien détachés; sabot petit, pourvu d'un ongle très résistant. Aplombs parfaits; peau fine et élastique, recouverte de poils courts et luisants.
Histoire Si les origines du Pur-Sang Arabe, l'une des races les plus anciennes, se perdent dans la nuit des temps, les découvertes archéologiques mises au jour dans les déserts arabiques attestent son existence environ 3 000 ans avant notre ère. Les légendes les plus diverses auréolent cet animal d'un halo de mystère et de mysticisme. L'une d'elles le fait descendre des sept chefs de lignée sélectionnés par le roi Salomon parmi les quarante mille chevaux d'attelage et les douze mille chevaux de selle de son élevage. De ces fondateurs descendraient les races suivantes: Kokeilan (dont les paupières semblent maquillées, Menaki (à la magnifique encolure), Hedregi (vigoureux et infatigable), Saklani (brave et intelligent), Gilfi (rapide et puissant), Hebdan (noble et courageux), Trefi (fier). En revanche, selon la tradition populaire, l'Arabe descendrait des cinq juments préférées de Mahomet qui parvinrent à La Mecque, les premières parmi les quatre-vingt-cinq envoyées par le prophète pour porter la nouvelle de la victoire. Selon la classification de Raswaan, grand spécialiste en la matière, ces chevaux se divisent en trois types faisant l'objet d'élevages distincts: le Kocklani, le Pur-Sang Arabe et la race Arabe. Le premier, appelé selon les tribus Kohwail, Koheil, Khamsa ou Kamsat, représenterait le véritable Arabe des bédouins. Le Kocklani se subdivise en trois sous-races principales: le Kehailan ou Kuhaylan, symbole de la résistance et de l'endurance, le Siglavy ou Seglevi, image de la beauté et de l'élégance, et le Muniqi ou Munighi, expression la plus parfaite de la vitesse, qui se distingue par son type plus longiligne. Le Pur-Sang Arabe serait issu du croisement des trois races, tandis que la race Arabe recueillerait tous les sujets d'origine mal définie ou comptant dans leur hérédité du sang de Berbère, de Persan, de Syrien, d'Arabe Égyptien ou autres races affines. Aucun cheval n'atteint la beauté de l'Arabe, l'harmonie et l'élégance de ses formes. Sans l'Arabe, l'élevage du cheval de sang eût été impossible; il a joué un rôle essentiel dans l'élaboration et l'amélioration des races dans le monde entier, en particulier celles du Pur-Sang Anglais.

2 BERBÈRE

Race Berbère ou Barbe.
Origine Afrique du Nord (Algérie).
Répartition géographique Afrique du Nord (Algérie, Maroc, Tunisie, Libye).
Aptitudes Selle.
Qualités Rapide, résistant, sobre.
Caractère Docile et courageux.
Morphologie Type médioligne. Hauteur au garrot : 1,45-1,55 m. Robe variant du bai au bai sombre, alezan, noir, gris. Tête plutôt longue, profil rectiligne et convexe, œil vif et naseaux larges. Encolure de longueur moyenne, bien musclée et rouée ; garrot placé haut, ligne dorso-lombaire courte et droite, croupe oblique ; queue attachée bas, thorax large et profond, épaule longue et inclinée. Membres solides, articulations larges, canon long, tendons bien détachés et secs, sabot petit et pourvu d'un ongle résistant.
Histoire Les origines de cette race très ancienne se confondent avec celles des populations d'Afrique du Nord qui, depuis les temps les plus reculés, ont soigneusement pratiqué son élevage. Selon l'hypothèse la plus vraisemblable, le Berbère ou Barbe a été introduit en Europe au XVIIIe siècle, lors des invasions maures. En Espagne, il donna naissance à l'Andalou, tandis que, mille ans plus tard, c'est du Berbère *Godolphin Barb* que procédera en droite ligne le Pur-Sang Anglais. Au XVIIe siècle, le Barbe est très prisé en Europe, mais il figurait déjà, deux siècles plus tôt, dans les « courses de chevaux berbères » créées par le pape Paul II et qui se disputaient sur un parcours allant de la via del Corso au palais Venezia. Le Berbère de race pure est rarissime, n'étant plus préservé, désormais, que chez les populations nomades d'Afrique du Nord. En revanche, les races de Berbères sont quasiment toutes mâtinées de Pur-Sang Anglais ou, comme dans le cas du Berbère libyen, d'Arabe.
Au VIIe siècle déjà, lorsque les Arabes envahirent l'Afrique du Nord, imposant aux populations berbères leur langue, leur religion et leur culture, ce cheval fut croisé avec l'Arabe. Le produit fut un animal d'une qualité exceptionnelle, qui remplaça progressivement le Berbère d'origine dont la présence, vers la moitié du XIXe siècle, n'était plus attestée que chez les tribus du désert ou dans les montagnes du Maroc. La terre d'origine du Berbère est représentée donc par la Berbérie, zone géographique correspondant à l'ensemble des pays de l'Afrique du Nord : Algérie, Maroc, Tunisie et Libye Occidentale. Cette partie de l'Afrique, habitée depuis des temps immémoriaux par les populations berbères, serait le berceau de la race, bien que, selon Samson, le Barbe soit en réalité originaire de Nubie, dans la région du Haut-Nil. Le Berbère, le plus sobre des chevaux africains, se caractérise par sa très grande résistance aux variations climatiques, à la fatigue et aux maladies. Peu précoce cependant, il n'atteint son développement complet que vers l'âge de six ans.
Jadis considéré comme le meilleur cheval de guerre, le Barbe a été utilisé à ce titre non seulement sur sa terre natale, chez les Touaregs, par exemple, mais aussi dans toute l'Europe. Les Touaregs, redoutables tribus nomades, furent les seuls Berbères à s'opposer aux Arabes, les repoussant de leur territoire qui comprenait, outre le désert du Sahara, les monts Hoggar, le massif du Tassili des Ajjer et les chaînes montagneuses de l'Aïr et de l'Adrar des Iforas, s'étendant jusqu'à la savane aride sur les rives du Niger, de l'anse du fleuve à Tombouctou et, vers l'est, presque jusqu'au lac Tchad. Cette fière population est également réputée pour l'habileté et la qualité de ses chevaux.

3 PERSAN ARABE

Race Persan Arabe.
Origine Iran.
Aptitudes Selle.
Qualités Rapide et résistant.
Caractère Vif et énergique.
Morphologie Type médioligne. Hauteur au garrot : 1,45-1,53 m. Robe : généralement bai, alezan ou gris, rarement noir. Mis à part la stature, plus imposante, on peut logiquement considérer le persan arabe comme une variété de l'arabe, avec lequel il aurait des origines communes et dont il a hérité la tête et la ligne générale du corps.
Histoire Les Persans ont de tout temps importé des chevaux arabes des déserts du Negeb, dans le but d'améliorer la race. Les produits issus du croisement sont définis selon leur ascendance : Hoor, de père et de mère Arabe; Beradi, de seule mère Arabe; Hedijn, de seul père Arabe. En Iran existent deux races dérivées du Persan, et donc également de type Arabe : le Darashouli, originaire du Fars, et le Jaf, élevé au Kurdistan. De type médio-longiligne, tous deux présentent une hauteur au garrot de 1,52 m environ, et une robe variable — alezan, bai gris, noir (rare). Ces deux races de selle se distinguent par leur caractère vif, leur résistance, surtout le Jaf, tandis que le Darashouli serait plus élégant. Il convient de citer, en outre, un demi-sang obtenu au XVIIe siècle par croisement d'étalons Persans et de juments Turcomanes. C'est un cheval qui rappelle les races précédentes, dont il se distingue toutefois par sa croupe oblique.

---

4 HISPANO

Race Hispano (Anglo-Arabe Espagnol).
Origine Espagne.
Répartition géographique Espagne.
Aptitudes Selle.
Qualités Bon sauteur.
Caractère Tranquille mais énergique.
Morphologie Type longiligne. Hauteur au garrot : 1,50-1,62 m. Robe : généralement bai, alezan, gris. Tête bien proportionnée, profil rectiligne. Encolure de bonne longueur; garrot haut et sec, ligne dorsolombaire droite, croupe légèrement oblique, queue bien attachée. Thorax large et profond, épaule longue et inclinée. Membres résistants, articulations solides, tendons bien détachés, sabot solide.
Histoire Issu du croisement d'Arabes-Espagnols avec le Pur-Sang Anglais, l'Hispano possède en fait toutes les caractéristiques de l'Anglo-Arabe. Animal courageux, il est employé pour tester la combativité et la résistance des jeunes taureaux destinés à la corrida; mais ses dons de sauteur et son tempérament en font essentiellement un cheval sportif, apte à diverses disciplines équestres, du saut d'obstacles au dressage.

5 ANDALOU

Race Andalou (Cheval Espagnol).
Origine Espagne.
Répartition géographique Europe et Amérique du Sud.
Aptitudes Selle.
Qualités Bon sauteur.
Caractère Équilibré et énergique.
Morphologie Type médioligne. Hauteur au garrot: 1,55-1,60 m. Poids: 570 kg environ. Robe: gris, bai, noir, alezan, rouan. Belle tête, profil rectiligne parfois moutonné, oreilles petites avec les pointes tournées vers l'intérieur, œil grand et expressif. Encolure proportionnée, rouée et bien attachée; garrot saillant, ligne dorso-lombaire droite, dos court, croupe arrondie, queue attachée bas et flottante. Thorax large et profond avec les côtés arquées, abdomen arrondi, épaule musculeuse et inclinée. Membres robustes, articulations larges, canon et paturon longs, sabot bien fait.
Histoire Les origines de l'Andalou sont très controversées. Certains le considèrent comme un descendant du Berbère et de l'Arabe, introduits en Espagne au temps des invasions maures et croisés avec des sujets autochtones, notamment des poneys locaux; d'autres, en revanche, le font descendre de l'*Equus iberius* découvert par les légions romaines de Jules César et qui, après avoir traversé l'isthme unissant alors l'Afrique à l'Europe, (l'actuel détroit de Gibraltar), aurait pénétré en Afrique du Nord où il aurait donné naissance au Berbère. Selon la troisième hypothèse, il dériverait des deux mille juments de Numidie amenées par mer par le Carthaginois Hasdrubal. La première hypothèse semble plus réaliste. Du XIIe au XVIIe siècle, le rôle de l'Andalou, concurrencé seulement par l'Arabe, a été considérable dans le domaine de l'élevage chevalin. Il a en effet influencé bon nombre des races européennes, directement ou par l'intermédiaire du Napolitain; de même qu'il a concouru à l'élaboration de quasiment toutes les races américaines issues des exemplaires introduits par Christophe Colomb lors de son second voyage au Nouveau Monde. Parmi les races européennes qui témoignent d'une influence andalouse, citons: le Lipizzan, le Frison, le Hackney, le Kladruber, le Frederiksborg, l'Oldenbourg, le Holsteiner, le Normand ancien et l'Orlov; et, parmi les races américaines, le Quarter Horse et le Criollo. L'élevage systématique de l'Andalou remonte à Philippe II, qui fonda en 1571 les écuries royales de Cordoue. L'Andalou était très prisé autrefois pour ses allures élégantes, dont le « pas d'allure », sorte de pas sautillant particulièrement spectaculaire dans les parades. Le Genêt aussi, cheval élevé dans la province de Grenade par les populations berbères de l'Andalousie et très prisé au Moyen Âge, est en fait une variété d'Andalou. Le Cheval Andalou devrait plus correctement s'appeler « Cheval Espagnol »; en effet, le vrai Andalou se distingue par certains caractères: type morphologique médio-bréviligne, absence de robe grise ou alezane, stature ne dépassant pas 1,55 m, dos plus ramassé, quartiers plus développés, sabot plus petit. Symbole d'une race de chevaux jadis glorieuse, ce cheval désormais relegué au rôle de « cheval d'agrément » trouve encore aujourd'hui des partisans passionnés dans les corridas, par exemple, où il se distingue brillamment.

6 CHARTREUX

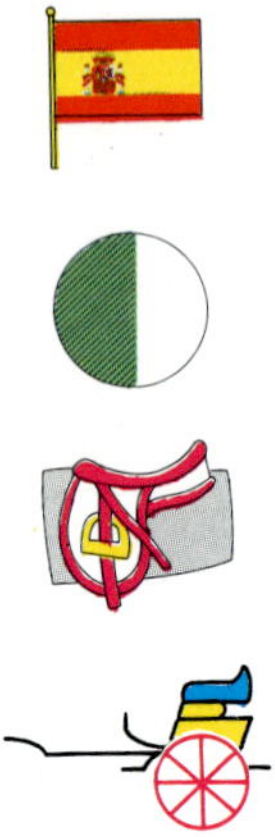

Race Chartreux.
Origine Espagne.
Répartition géographique Espagne.
Aptitudes Selle et trait léger.
Qualités Élégance de mouvement et d'allure.
Caractère Docile et paisible.
Morphologie Type médioligne. Hauteur: 1,55 m environ. Robe: à dominante grise, parfois alezan ou noir. Tête légère et bien attachée, profil légèrement moutonné, front large, oreilles petites, œil grand et vif. Encolure rouée, proportionnée et bien attachée; garrot pas très haut, ligne dorso-lombaire droite, croupe musculeuse et arrondie, queue bien attachée, thorax large, épaule plutôt inclinée. Membres solides, articulations larges et sèches, aplombs corrects.
Histoire La race procède des élevages fondés par les moines chartreux à Séville et dans d'autres localités de l'Andalousie. Depuis 1476, ces moines pratiquaient à Jerez de la Frontera l'élevage de l'Andalou, dont est issu le Chartreux, non sans recourir systématiquement à l'apport déterminant d'Arabe et de Berbère. Le Chartreux est élevé actuellement dans les écuries d'État de Cordoue, Jerez de la Frontera et Badajoz. La dominante grise de la robe est due au rôle considérable que jouèrent deux étalons de la première moitié de ce siècle qui arboraient cette robe caractéristique. Les Chartreux actuels descendent pour la plupart d'un célèbre étalon, *Esclave*.

---

7 LUSITANO

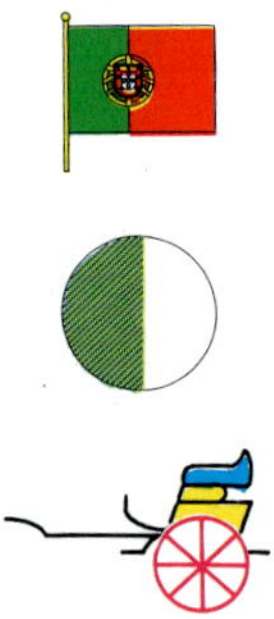

Race Lusitano (Lusitanien).
Origine Portugal.
Répartition géographique Portugal.
Aptitudes Selle, trait léger, travaux agricoles.
Qualités Agile et maniable, très sobre.
Caractère Docile.
Morphologie Type médioligne. Hauteur au garrot: 1,52-1,62 m. Robe: gris, bai sombre, noir. Tête petite, ganaches prononcées, profil rectiligne, oreilles petites, œil vif. Encolure un peu épaisse mais bien attachée et légèrement rouée; garrot prononcé, mais mal attaché, ligne dorso-lombaire courte et droite, croupe arrondie, queue attachée bas. Thorax large, épaule musclée, correctement inclinée. Bras et cuisses allongés, articulations solides, aplombs corrects.
Histoire Ses origines sont incertaines, mais c'est un cheval très voisin de l'Andalou. Utilisé autrefois par l'armée et comme carrossier, il est actuellement affecté aux travaux agricoles et fait merveille dans les corridas à cheval menées à la portugaise, où l'habileté du *rejoneador* (torero à cheval) consiste à faire sortir sa monture indemne de l'arène. La race, bien qu'encore abondamment représentée au Portugal, est en constant déclin.

8 ALTÉR-REAL

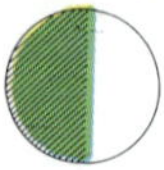

Race Altér-Real.
Origine Portugal.
Aptitudes Selle.
Qualités Intelligent, apte à l'apprentissage.
Caractère Tranquille.
Morphologie Type médio-longiligne. Hauteur au garrot: 1,52-1,62 m. Robe: bai, bai sombre, gris, alezan. Tête de proportions moyennes avec ganaches prononcées; profil rectiligne, le plus souvent convexe, œil expressif, toupet fourni. Encolure bien musclée, rouée, crinière abondante et souple; garrot haut, ligne dorso-lombaire courte, reins forts, croupe musculeuse et arrondie, queue bien attachée, longue et fournie. Thorax ample et profond, épaule musculeuse et bien inclinée. Membres solides, cuisse musculeuse, canon et paturon minces mais résistants, tendons secs, pied bien fait.
Histoire Il descend de trois cents juments sélectionnées, importées en 1747 par la maison de Bragance dans le but de fonder une écurie nationale à Vila de Portel, dans la province d'Alentejo. L'Altér-Real était déjà à l'époque employé au manège royal pour la Haute École d'équitation. La race a connu un déclin lorsque Napoléon fit procéder à des croisements avec l'Arabe, le Pur-Sang Anglais, le Normand et le Hanovrien; l'œuvre de reconstitution, patiemment réalisée avec l'apport de sujets Andalous, se poursuit aujourd'hui grâce au soutien de l'État. L'Altér-Real se distingue par ses remarquables aptitudes au dressage et aux évolutions de haute école.

---

9 FRISON OCCIDENTAL

Race Frison Occidental (Friesian; Harddraver).
Origine Hollande.
Aptitudes Trait lourd, trait léger, travaux agricoles, selle.
Qualités Excellent trotteur.
Caractère Docile et sensible.
Morphologie Type médio-bréviligne, formes ramassées, port magnifique. Hauteur au garrot: 1,52 m environ. Robe noire caractéristique, présentant parfois de rares marques blanches uniquement sur la tête. Tête longue et étroite, profil rectiligne, toupet abondant, oreilles courtes et pointues, œil doux et expressif. Encolure plutôt courte mais bien sculptée; garrot large et peu haut, ligne dorso-lombaire droite, dos court et reins larges, flancs arrondis, croupe musculeuse et oblique, queue abondante, poitrine large; thorax ample et profond, épaule longue et inclinée. Membres musculeux, articulations larges et recouvertes de crins à partir du canon, pied large et solide.
Histoire Des restes découverts en Frise attestent ses origines très anciennes. Très prisé au Moyen Âge comme cheval de bataille, il a reçu ensuite des apports de sang Andalou et oriental qui ont modifié ses caractéristiques. Ses dons de trotteur brillant en firent par la suite un excellent carrossier. Le Frison, appelé un temps Harddraver (bon trotteur), a contribué à l'élaboration de toutes les races de trotteurs de courses par l'intermédiaire du Hackney, qui descend de lui. La race a frôlé l'extinction au début du siècle.

10 HOLLANDAIS SANG-CHAUD

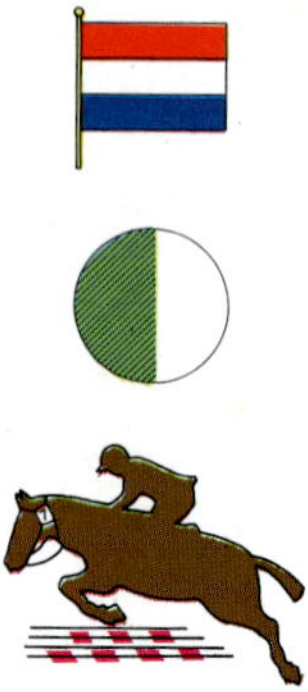

Race Hollandais Sang-Chaud.
Origine Hollande.
Répartition géographique Hollande.
Aptitudes Selle et trait léger.
Qualités Bon sauteur.
Caractère Tranquille et plein de bonne volonté.
Morphologie Type médio-longiligne. Hauteur au garrot: 1,62 m environ. Robe: bai, bai sombre, noir, alezan, gris. Tête bien proportionnée, profil rectiligne ou moutonné, front large, oreilles de bonnes dimensions et mobiles, œil expressif, naseaux larges. Encolure de bonne longueur, musclée et bien attachée; garrot bien sorti, ligne dorso-lombaire droite, reins forts, croupe légèrement oblique, queue bien attachée; thorax ample et profond, épaule longue et inclinée. Membres robustes et musclés, articulations larges et sèches, avant-bras allongé, tendons robustes, pied bien proportionné, pourvu d'un ongle dur.
Histoire Descend des plus anciennes races hollandaises, le Gelderland et le Groningue (Groningen), par croisement du Pur-Sang Anglais avec des étalons appartenant aux grandes races de selle allemandes et françaises. Le stud-book de la race, institué en 1958, est tenu par la Dutch Warm Blood Society. Doté d'une allure ample et souple qui met en valeur ses qualités esthétiques, le Cheval Hollandais est recherché pour le sport équestre. Parmi les champions olympiques de la race, *Calypso* remporta la World Cup, tandis que *Dutch Courage* était médaille de bronze en 1978 au Championnat mondial de dressage.

---

11 GELDERLAND

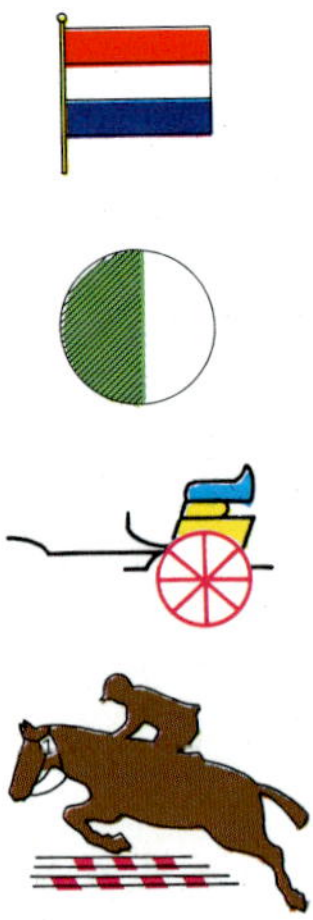

Race Gelderland (Cheval de la Gueldre).
Origine Hollande.
Répartition géographique Hollande.
Aptitudes Trait léger, selle, travaux agricoles.
Qualités Bon sauteur.
Caractère Docile.
Morphologie Type médioligne. Hauteur au garrot: 1,54-1,63 m. Robe: alezan, noir, fréquentes marques blanches. Tête longue et assez plate, profil rectiligne. Encolure proportionnée, musculeuse et rouée; garrot moyennement haut et large, se confondant avec la ligne de l'encolure, ligne dorso-lombaire droite et longue, croupe courte, large et horizontale, queue attachée haut; thorax large et profond, épaule bien inclinée. Membres bien musclés, avant-bras et jambe plutôt allongés, sabot large et solide.
Histoire La race résulte de croisements répétés de juments locales de la Gueldre et d'étalons Andalous, Napolitains, Normands et Norfolk Roadster; au XIXe siècle, elle a été améliorée par des apports d'Anglo-Normand, d'Oldenbourg et de Hackney. Le Gelderland est un cheval au port élégant, qui se distingue par son allure ample, son trot brillant et relevé. Il est apprécié pour ses aptitudes aussi bien au trait léger qu'à la selle et pour ses talents de sauteur; face à la demande actuelle du marché, il est en train de remplacer le Groningue, pendant que, pour améliorer ses qualités de cheval sportif, des efforts sont actuellement entrepris pour le croiser avec d'autres races de selle, notamment avec le Pur-Sang Anglais.

12 PUR-SANG ANGLAIS

Race Pur-Sang Anglais (Thoroughbred).
Origine Grande-Bretagne.
Répartition géographique Le monde entier.
Aptitudes Course de galop, selle.
Qualités Vitesse et fond.
Caractère Nerveux et énergique.
Morphologie Cheval élégant, aux formes harmonieuses, de type longiligne caractérisé. Hauteur au garrot : 1,50-1,73 m. Poids : 320-450 kg. Robe : bai, bai sombre, noir, alezan, gris, rarement rouan, et aubère, en-tête et balzanes fréquents. Tête petite et bien attachée, profil rectiligne, oreilles proportionnées et très mobiles, œil grand et vif, naseaux larges et lèvres minces. Encolure longue et droite (parfois iégèrement rouée), bien sculptée et attachée; garrot bien sorti et sec, ligne dorso-lombaire allongée (moins chez le type « stayer »), reins bien attachés à la croupe (oblique chez le sprinter, horizontale chez le stayer), queue attachée haut; thorax haut et ample (stayer), profond (sprinter), ventre plutôt rentré, épaule bien inclinée (plus droite chez le sprinter), longue et musclée. Membres allongés et bien conformés, articulations larges et sèches, bras court et musclé, avant-bras long, cuisse et jambe musculeuses, canon court, souvent mince, tendons secs, bien détachés et résistants, paturon long, sabot petit, bien conformé et résistant. Peau très fine et douce, laissant transparaître les veines superficielles.
Histoire En anglais *Thoroughbred*, ce qui signifie « élevé dans la pureté ». Cette race, dont les origines remontent au début du XVIIIe siècle en Angleterre, a fait rapidement souche. Toutefois, sur les 475 étalons — tous de sang oriental — recensés en 1881 par Joseph Osborne et qui ont concouru, à des degrés divers, à l'élaboration de la race, 3 seulement ont créé une lignée. Les Pur-Sang actuels procèdent donc tous de trois étalons : le bai *Byerley Turk* (d'origine turque); le bai sombre *Darley Arabian* (d'origine arabe) et l'autre bai sombre *Godolphin Arabian*, d'origine berbère, parfois appelé à ce titre *Godolphin Barb*. Quant aux 100 poulinières sélectionnées et inscrites au general stud-book, seules une quarantaine d'entre elles ont perpétué la lignée directe des juments jusqu'à nos jours. Ces juments, soumises à une sélection rigoureuse effectuée grâce à de constants apports de sang oriental, constituaient le *Royal Mares*. Des 3 étalons fondateurs de la race descendent les 3 principaux chefs de lignée : de *Byerley Turk*, à la quatrième génération, le bai *Herod* (1758); de *Darley Arabian*, toujours à la quatrième génération, l'alezan *Éclipse* (1764); de *Godolphin Arabian*, à la deuxième génération, le bai *Matchem* (1748). Le Pur-Sang Anglais ne présente pas encore une structure très homogène, aussi a-t-on distingué au sein de la race trois types morphologiques, selon les aptitudes : le « stayer », cheval plus petit doté de fond, le « sprinter », plus haut et aux formes allongées, très rapide; un type « intermédiaire », à la croupe oblique et à l'épaule inclinée mais au dos assez court, apte aux courses d'obstacles. Le stud-book de la race, institué en 1791, est tenu à jour dans les différents pays par le Jockey-Club, fondé en 1750 en Angleterre.

13 CLEVELAND BAY

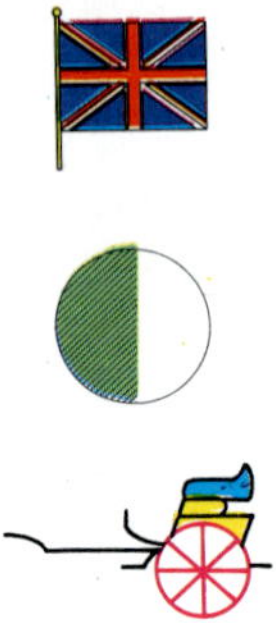

Race Cleveland Bay.
Origine Grande-Bretagne.
Répartition géographique Grande-Bretagne.
Aptitudes Selle, trait léger, attelage léger, travaux agricoles.
Qualités Résistance, longévité.
Caractère Tranquille.
Morphologie Type médioligne. Hauteur au garrot: 1,62-1,65 m. Robe: bai ou bai sombre, sans en-tête, mis à part une minuscule étoile. Tête assez grande, profil plutôt moutonné, oreilles grandes, œil doux et expressif. Encolure longue et musclée, garrot peu prononcé, ligne dorso-lombaire longue et droite, croupe longue et légèrement oblique, queue bien attachée, thorax ample et profond, épaule inclinée et musclée. Membres plutôt courts, robustes et musclés, articulations larges et sèches, canon long contrairement au paturon, pied large mais proportionné, ongle robuste et de couleur bleue.
Histoire Né au Moyen Âge dans le district de Cleveland (Yorkshire), ce cheval s'est vite distingué par ses aptitudes à effectuer les travaux les plus divers. Il était utilisé par les marchands ambulants, d'où son surnom de « Chapman » (marchand). Dans la seconde moitié du XVIIe siècle, il a été amélioré et anobli par l'apport de sang Arabe et de Pur-Sang Anglais qui en fit un carrossier de luxe, particulièrement recherché de nos jours par les équipages royaux anglais. Du croisement avec le Pur-Sang Anglais procède un demi-sang, le Hunter Anglais, plus résistant et plus haut.

---

14 HACKNEY

Race Hackney (Trotteur Anglais).
Origine Grande-Bretagne.
Répartition géographique Grande-Bretagne et États-Unis.
Aptitudes Trait léger et selle.
Qualités Vitesse et fond, longévité.
Caractère Nerveux.
Morphologie Type médioligne. Hauteur au garrot: 1,45-1,57 m. Robe: bai, bai sombre, noir et alezan, rarement rouan; liste et balzanes fréquentes. Tête petite et bien attachée, profil rectiligne ou légèrement moutonné, front large, oreilles droites, œil grand. Encolure longue et musclée, légèrement rouée, garrot plutôt bas, ligne dorso-lombaire courte et droite, croupe longue, large et arrondie, queue bien attachée, thorax ample et profond, côtes arrondies, ventre rentré, épaule plate mais puissante, inclinée mais pas longue. Membres peu allongés, fins mais résistants, articulations solides, canon long, pied bien fait avec un ongle robuste.
Histoire Il a pour ancêtre l'ancien carrossier Norfolk Roadster, descendant d'un groupe de chevaux introduits en Angleterre avec l'armée du roi Knut le Grand et croisés par la suite avec des sujets indigènes, Arabes, Pur-Sang Anglais et des étalons demi-sang issus de ceux-ci, ainsi qu'avec des Harddraver hollandais et danois. La genèse de la race a été largement influencée par l'étalon demi-sang *Old Shales* (fils du Pur-Sang Anglais *Blaze*) et les fils du Pur-Sang Anglais *Sampson*: *Gold Farmer* et *Foxhunter*. Le Hackney se distingue par l'élégance de son trot, très relevé, et par le brillant et l'efficacité de son allure.

15 WELSH COB

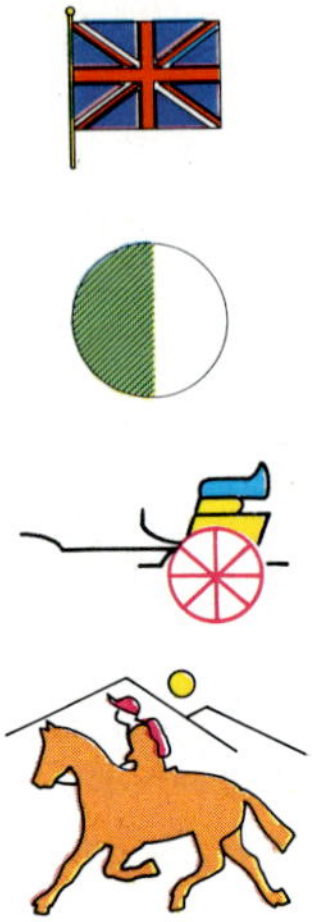

Race Welsh Cob, Cob Gallois.
Origine Grande-Bretagne (Écosse).
Répartition géographique Royaume-Uni.
Aptitudes Trait léger et selle.
Qualités Fond, bon sauteur.
Caractère Tranquille mais énergique.
Morphologie Cheval de type médioligne, auquel est réservée la section D du Welsh Pony Stud-Book. Hauteur au garrot : 1,45-1,54 m. Pratiquement toutes les robes sont admises, à l'exception des robes pie et tachetée. Tête petite mais proportionnée, type poney, profil rectiligne, oreilles petites et pointues, yeux proéminents et écartés. Encolure longue, musclée et rouée; garrot saillant, ligne dorso-lombaire plutôt courte, croupe longue, large et arrondie, queue bien attachée et bien portée, thorax ample et profond, épaule inclinée et musclée. Membres courts mais solides et musclés, paturon de bonne longueur et correctement incliné, pied proportionné, ongle résistant. Quelques poils sont admis sur les membres, à condition qu'ils soient soyeux.
Histoire Descendant du Welsh Pony de montagne, il représente une forme agrandie du Welsh Pony type Cob. Ses origines, assez confuses, ne peuvent cependant exclure l'apport de Hackney, d'Arabe et d'Andalou. Doté d'une action particulièrement brillante, il était autrefois très prisé comme carrossier; mais, de nos jours, il convient surtout à la selle sur tous terrains. Idéal aussi pour le tourisme équestre.

---

16 HUNTER IRLANDAIS

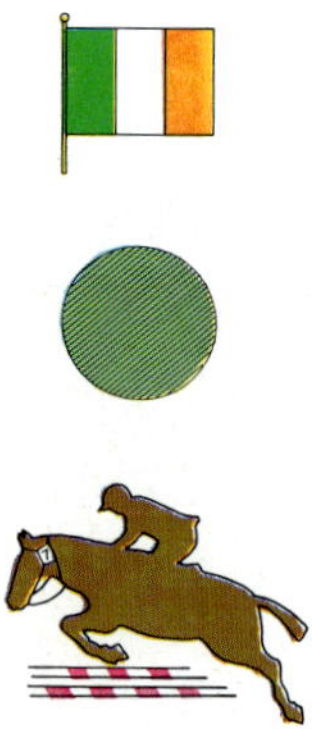

Race Hunter Irlandais.
Origine Irlande.
Répartition géographique Le monde entier.
Aptitudes Selle.
Qualités Excellent sauteur, bon fond.
Caractère Tranquille et docile.
Morphologie Type médioligne. Hauteur au garrot : 1,62-1,70 m. Robe : bai, bai sombre, noir, gris ou alezan. Tête bien proportionnée, ganaches nettement dessinées, profil rectiligne ou moutonné. Encolure longue et musclée, légèrement rouée et bien attachée; garrot sec et saillant, ligne dorso-lombaire courte, croupe large, musclée et modérément oblique, thorax ample et profond, épaule inclinée et musclée. Membres solides, bonne musculature, articulations larges et sèches, tendons bien détachés, sabot bien conformé et solide.
Histoire Procède du croisement du Pur-Sang Anglais et de l'Irlandais de Trait. Il ne s'agit pas à proprement parler d'une race : c'est un demi-sang, mais doté de caractères stables qui permettent de le classer parmi les plus grands chevaux. S'adaptant bien à tous les terrains, il est traditionnellement utilisé pour la chasse; de plus, le courage et la puissance de cet excellent sauteur le destinent particulièrement aux épreuves de saut d'obstacles. On le divise en trois catégories selon le poids du cavalier qu'il est capable de porter : léger (75 kg), moyen (82 kg) et lourd (95 kg). Pour protéger la production, le gouvernement anglais a interdit l'exportation de juments de Trait Irlandaises.

17 COB IRLANDAIS

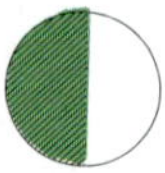

Race Irish Cob (Cob Irlandais).
Origine Irlande.
Répartition géographique Irlande.
Aptitudes Selle et trait léger.
Qualités Fond, bon sauteur.
Caractère Sensible et dynamique.
Morphologie Type médioligne. Hauteur au garrot: 1,53-1,54 m. Robe: bai, bai sombre, noir, gris, alezan. Tête racée, profil convexe, oreilles petites. Encolure plutôt courte et musclée; garrot moyennement relevé, ligne dorso-lombaire droite et courte, croupe arrondie et musclée, queue bien attachée; thorax ample, épaule puissante et très inclinée. Membres courts mais solides, pied arrondi et pourvu d'un ongle solide.
Histoire Élevé depuis le XVIIIe siècle à partir de croisements avisés entre le Connemara, le Cheval de Trait Irlandais, et le Pur-Sang Anglais, le Cob Irlandais ne présente toujours pas de caractères stabilisés; il est plus haut que les sujets de sa catégorie. Un Cob, en effet, doit avoir une hauteur moyenne se situant entre 1,44 et 1,54 m, présenter une structure caractéristique compacte et ramassée, des membres courts, un bon développement du squelette et des muscles, une action tout à la fois énergique et souple. Le Cob Irlandais est donc essentiellement un cheval de selle et de trait léger, solide et vigoureux. Si la race a été indéniablement sacrifiée à l'avènement de la motorisation, le tourisme équestre et le sport d'équitation peuvent constituer pour ce cheval une alternative valable.

---

18 FREDERIKSBORG

Race Frederiksborg.
Origine Danemark.
Aptitudes Trait léger, trait lourd-rapide, selle.
Qualités Agile et vigoureux.
Caractère Tranquille mais vif.
Morphologie Type médioligne. Hauteur au garrot: 1,55-1,65 m. Robe exclusivement alezane. Tête proportionnée, profil rectiligne et moutonné, oreilles droites, œil expressif. Encolure proportionnée, légèrement rouée, musclée et bien attachée; garrot large et musclé, assez relevé, ligne dorso-lombaire droite, dos court et reins larges, croupe large et arrondie, queue bien attachée, thorax haut, large et assez profond, côtes arrondies, épaule musclée et inclinée. Membres bien musclés, articulations larges, pied petit mais pourvu d'un sabot solide.
Histoire La race fut créée à l'initiative de Frédéric II en 1562, dans les écuries royales de Frederiksborg, avec l'apport d'étalons Napolitains et Andalous. Le Frederiksborg était très recherché comme cheval d'école et d'équitation pour sa fiabilité, et comme carrossier et sujet de parade pour son élégance. Il concourut à la formation d'autres races importantes, comme le Lipizzan et l'Orlov; puis sa production fut interrompue avant de reprendre en 1939 avec l'apport du Frison Occidental d'abord, de l'Oldenbourg ensuite. Apprécié de nos jours comme cheval de selle, il ne possède plus ses caractéristiques d'antan.

19 TROTTEUR FRANÇAIS

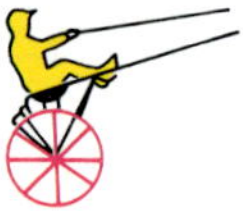

Race Trotteur Français (Trotteur Normand).
Origine France.
Répartition géographique France, Belgique, Italie, Hollande, Suède, Autriche, Danemark, Finlande, Espagne, Malte.
Aptitudes Courses de trot (attelé et monté).
Qualités Vitesse et fond.
Caractère Tranquille mais énergique.
Morphologie Cheval solide, de structure robuste et imposante, de type longiligne. Hauteur au garrot : 1,55-1,65 m. Robe : bai, bai sombre, noir, alezan, alezan brûlé, rarement gris. Belle tête, bien attachée, profil rectiligne, front large, oreilles longues et écartées, œil vif, naseaux larges. Encolure musclée, de bonne conformation, large à la base et bien attachée; garrot saillant et sec, ligne dorso-lombaire droite, dos et reins bien développés, croupe longue, large et légèrement oblique, queue attachée un peu bas, thorax large et profond, ventre rentré, épaule musclée et bien inclinée. Membres fins mais musclés et bien conformés, pied parfois délicat et mieux adapté aux terrains légers. Peau fine et élastique.
Histoire Ses origines lointaines se confondent avec celles du Normand, d'où son autre nom de trotteur normand. La sélection de la race remonte à 1836 lorsque, sur la piste de l'hippodrome de Cherbourg, se disputèrent les premières épreuves officielles de trotteurs. A la formation de la race ont contribué, dans un premier temps et de façon déterminante, des sujets Norfolk (ancêtres de l'actuel Hackney) ainsi que des demi-sang anglais, des Pur-Sang Anglais, puis des Hackney. Plus tard, on note l'apport de sang Orlov et de Trotteur Américain; ce dernier a été autrefois croisé avec le bai *Sam Williams* (1922) et le bai *The Great McKinney* (1922), plus récemment avec *Florestan* et *Granit* : ceux-ci étaient les fils de la célèbre *Roquépine*, mais avaient pour pères respectivement *Star's Pride* et *Ayres*, deux grands reproducteurs américains. Le Trotteur Français a avec les autres races de trotteurs des origines sinon communes, du moins très proches; en effet, dans toutes ces races, l'aptitude au trot a été transmise par les sujets Norfolk et par le Pur-Sang Anglais *Sampson*, tandis que le Pur-Sang Anglais *Orville* (1799) a largement concouru à l'élaboration de la race française. Les chefs de lignée de la race furent *Conquérant* (1858), *Lavater* (1867), *Normand* (1869), *Niger* (1869) et *Phaëton* (1871), dont descendaient, au début du XIXe siècle, 95 p. cent des Trotteurs Français. Par la suite s'est imposée la suprématie de *Conquérant*, celles de *Phaëton* et, dans une moindre mesure, de *Normand*. De *Conquérant* descendra en effet *Fuschia* (1883) qui, avec *Phaëton*, a légué à la race ses caractéristiques; cependant, comme dans le cas des autres races de course, davantage sélectionnées pour leurs aptitudes fonctionnelles que pour leurs caractéristiques morphologiques, le Trotteur Français n'est pas toujours conforme au modèle standard. Comparé à son congénère américain, plus précoce, le Trotteur Français se caractérise par son aptitude à la vitesse et sa bonne tenue du fond. Sa conformation lui permet également de participer à des courses au trot monté. Le record de la race est détenu par *Minou du Donjon*, vainqueur à Stockholm en 1985 avec le temps de 1′11″ 50/km. Le stud-book de la race, institué en 1922, fut rigoureusement clos en 1941.

20 ANGLO-ARABE FRANÇAIS

Race Anglo-Arabe Français.
Origine France.
Répartition géographique Europe.
Aptitudes Selle.
Qualités Excellent sauteur.
Caractère Tranquille mais énergique.
Morphologie Type longiligne. Hauteur au garrot : 1,55-1,67 m. Robe : bai, alezan, gris (rare). Tête petite et bien attachée, profil rectiligne et concave, front large, oreilles petites, œil grand. Encolure proportionnée, musclée et bien attachée; garrot haut et sec, ligne dorso-lombaire droite, reins courts et larges, croupe longue et horizontale, queue bien attachée, thorax ample et profond, épaule longue et inclinée. Membres robustes et résistants, articulations sèches et tendons bien détachés, avant-bras et jambe longs et bien musclés, pied solide, aplombs corrects. Peau fine.
Histoire Diverses tentatives ayant précédemment échoué aboutirent vers 1843 à la création d'une race Anglo-Arabe grâce à des croisements méthodiquement conçus et réalisés, d'abord au haras du Pin, puis à Pompadour, par le vétérinaire E. Gayot, considéré à juste titre comme le père de l'Anglo-Arabe Français. Toutefois, des élevages avaient déjà été entrepris avec succès par Napoléon dans le sud-ouest de la France (Pau, Tarbes). Le point de départ avait été un groupe de poulinières d'origine orientale, descendant probablement des chevaux laissés par les Maures en fuite au-delà des Pyrénées après la bataille de Poitiers en 732. Ces sujets, influençant la population chevaline locale, donnèrent naissance à la race de Tarbes et au Limousin. Le résultat de ces croisements avec le Pur-Sang Arabe et le Pur-Sang Anglais serait l'Anglo-Arabe Français. Deux étalons orientaux, *Massoud* (1814-1843) et le turc *Aslan* (importé d'Égypte), et trois juments Pur-Sang Anglaises, *Selim Mare*, *Comus Mare* et *Daer*, peuvent être considérés comme les chefs de file de la nouvelle race. L'étalon *Prisme* (1890-1917) jouera plus tard un rôle décisif dans la fixation des caractères de la race. L'Anglo-Arabe Français est un cheval solide, aux lignes harmonieuses, au port élégant, considéré de nos jours comme l'une des meilleures races de selle du monde. La réglementation exige, pour son inscription au stud-book, au moins 25 p. cent de sang Arabe et l'absence dans le pedigree de sujets appartenant à des races étrangères, du moins dans les six dernières générations. Lorsque le pourcentage de sang Arabe est inférieur à 25 p. cent, les sujets sont appelés « Anglo-Arabes de complément » : en effet, une poulinière se trouvant dans ce cas, croisée avec un Pur-Sang Arabe ou un Anglo-Arabe doté d'un pourcentage élevé de sang Arabe, donnera naissance à un sujet répondant à la qualification requise. Le stud-book de la race est représenté par la première section du Livre généalogique des chevaux français tenu par le Service des haras nationaux et de l'équitation.

21 SELLE FRANÇAIS

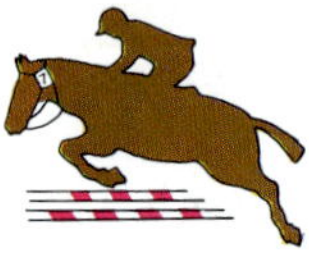

Race Cheval de Selle Français.
Origine France.
Répartition géographique Europe.
Aptitudes Selle.
Qualités Bon sauteur.
Caractère Tranquille mais énergique.
Morphologie Type médio-longiligne. Hauteur au garrot : 1,55-1,75 m. On en élève cinq variétés, selon le poids du cavalier que le cheval est capable de porter : trois de type moyen et deux de type lourd. Le premier type comprend : le Petit Selle, mesurant jusqu'à 1,55 m; des sujets moyens, allant de 1,55 à 1,63 m; des individus dépassant 1,63 m. La taille du type lourd est inférieure à 1,63 m. Robe : alezan, bai, et bai sombre, plus rarement gris et aubère. Tête petite et bien attachée mais ganaches prononcées, profil rectiligne ou convexe, oreilles longues et œil enfoncé. Encolure longue et bien attachée, bonne musculature; garrot long et saillant, ligne dorso-lombaire droite, croupe longue, musclée et légèrement oblique. Thorax ample et profond, épaule longue et inclinée. Membres solides et musclés, articulations sèches, canon court et fin, tendons bien détachés, pied pourvu d'un ongle solide.
Histoire Ce cheval est l'héritier naturel de l'ancienne race Normande. La Normandie, vers la fin du XVIIIe siècle, possédait une population chevaline dont on connaît mal l'origine mais se réclamant de façon évidente des sujets Arabes introduits en France à la suite des croisades. Ce fond chevalin fut ensuite influencé par le Pur-Sang Anglais *Young Rattler* (1811), directement importé d'Angleterre. *Young Rattler*, cheval Norfolk né de l'accouplement de *Rattler* avec une jument fille de *Snap*, un autre Pur-Sang Anglais, est en effet considéré comme le chef de file de la race Normande. C'est de lui que descend également *Normand*, l'un des chefs de lignée du Trotteur Français. Le terme de Selle Français a officiellement remplacé celui de demi-sang Normand, dont seul a survécu la version Cob, cheval de type médioligne ou médio-bréviligne, pesant 550-800 kg, avec une hauteur au garrot de 1,60 à 1,70 m, apte aux travaux agricoles. En 1950 a été institué le stud-book du Selle Français, où sont également admises des juments sélectionnées, même de race impure, ainsi que des étalons Pur-Sang Anglais, Arabes, Anglo-Arabes et des Trotteurs Français ayant concouru au développement du type actuel. On qualifie de Selles Français des sujets fils d'un étalon Selle Français (45 p. cent), d'un Pur-Sang Anglais (33 p. cent), d'un Arabe (20 p. cent) et d'un Trotteur Français (2 p. cent). De même sont admis les croisements de Pur-Sang Anglais et de Trotteur Français, ainsi que d'Arabe et d'Anglo-Arabe et de Trotteur Français.

22 EINSIEDLER

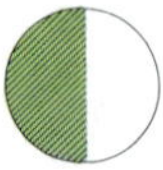

Race Einsiedler.
Origine Suisse.
Aptitudes Selle et trait léger.
Qualités Bon sauteur.
Caractère Docile.
Morphologie Type médio-longiligne. Hauteur au garrot: 1,55-1,64 m. Robe: bai, alezan. Tête de grandeur moyenne, profil rectiligne et convexe. Encolure proportionnée et bien attachée; garrot bien sorti, ligne dorso-lombaire droite, croupe légèrement oblique, queue bien attachée. Thorax large et profond, épaule longue et inclinée. Membres solides, bonnes articulations et tendons bien détachés, pied bien fait, ongle solide.
Histoire La race provient de l'élevage du monastère bénédictin d'Einsiedeln, dans le canton de Schwyz, créé en 1064; l'élaboration de la race, comme celle de beaucoup d'autres, est donc l'œuvre des moines, même si elle a été constamment améliorée au cours des siècles par l'apport de Hackney et de Normand. De nos jours, on a recours au seul Normand Français, d'où l'appellation de Normand Suisse également attribuée à la race. Excellent sauteur, le Einsiedler est utilisé par l'armée confédérale dans des disciplines sportives, celles-ci ayant peu à peu remplacé les usages militaires. Étant donné leurs origines, du moins les plus récentes, ces chevaux ont maintenant le type de l'Anglo-Normand, sans toutefois égaler ses performances.

---

23 MAREMMANO

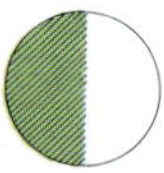

Race Maremmano (Maremmien, Cheval de Maremme).
Origine Italie (Latium et Toscane).
Répartition géographique Italie (Latium et Toscane).
Aptitudes Selle, trait léger, travaux agricoles.
Qualités Rustique et sobre, résistant, bon sauteur.
Caractère Équilibré, énergique et infatigable.
Morphologie Type médio-longiligne, robuste, aux formes plutôt ramassées. Hauteur au garrot: 1,55-1,60 m. Robe: bai, bai sombre, noir, alezan brûlé, plus rarement gris ou rouan. Tête longue et un peu lourde, profil moutonné. Encolure proportionnée et musclée, assez large à la base; garrot haut et musclé, ligne dorso-lombaire droite, dos et reins courts, croupe oblique, thorax ample, épaule inclinée. Membres solides et robustes, bonnes articulations, aplombs corrects, sabot bien fait et proportionné avec un ongle résistant.
Histoire Cheval typique des gardiens de bestiaux de la Maremme, élevé à l'état sauvage, solide et endurant, il ne craint ni les intempéries ni les terrains difficiles. Il a été récemment amélioré par croisement avec le Pur-Sang Anglais. La nouvelle génération offre un modèle, appelé « Maremmien amélioré », plus élégant et plus haut, de plus en plus longiligne; mais, moins rustique, il ne possède pas le fond exceptionnel du Cheval de Maremme classique. Dans la province de Pesaro est élevé le Cheval de Catria, produit du croisement du Maremmien et d'un étalon Franches-Montagnes.

24 MURGESE

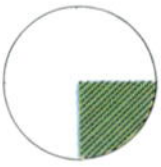

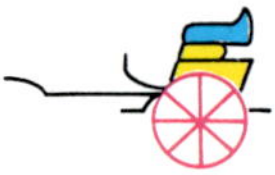

Race Murgese (Cheval des Murgies).
Origine Italie (Pouilles).
Répartition géographique Italie (Pouilles).
Aptitudes Travaux agricoles, trait moyen-léger, selle.
Qualités Rustique.
Caractère Docile mais vif.
Morphologie Type médioligne. Hauteur au garrot : 1,45-1,55 m. Robe : noir de jais, gris, avec la tête noire ou bai sombre. Tête légère, parfois alourdie par les ganaches, profil rectiligne ou légèrement moutonné, front large et oreilles petites. Encolure robuste, large à la base et ornée d'une belle crinière; garrot assez relevé, ligne dorso-lombaire régulière, parfois légèrement creusée, reins larges et courts, croupe longue et large, horizontale ou légèrement oblique; poitrine large, thorax bien développé, épaule inclinée. Membres solides, articulations larges, avant-bras de longueur moyenne, jambe de bonne longueur, canon et paturon courts, sabot régulier et solide, aplombs corrects.
Histoire Ses origines remontent au temps de la domination espagnole : il est issu de croisements avec des étalons Arabes et Berbères importés du comté de Conversano; cette double influence transparaît dans la conformation de la croupe, parfois horizontale comme chez l'Arabe, ou inclinée comme chez le Berbère. La sélection débuta en 1926. La race est élevée à l'état sauvage dans un paysage de pâturages buissonneux et de collines parsemées de forêts. Son caractère en fait un animal de promenade apte au tourisme équestre.

---

25 ANGLO-ARABE SARDE

Race Anglo-Arabe Sarde.
Origine Italie (Sardaigne).
Répartition géographique Italie.
Aptitudes Selle.
Qualités Résistant, rapide, doté de fond, bon sauteur.
Caractère Équilibré.
Morphologie Cheval longiligne que l'on classe, selon la hauteur, en trois types : petite taille (1,56-1,58 m), taille moyenne (1,58-1,65 m), grande taille (plus de 1,65 m). Robe : alezan, bai et gris. Tête légère et carrée, profil rectiligne, oreilles petites et mobiles, œil grand et vif, naseaux larges. Encolure légère, bien attachée et portée avec élégance; garrot prononcé, ligne dorso-lombaire droite ou légèrement ensellée, reins courts et musclés, croupe correctement inclinée, queue fournie et bien attachée, poitrine large, thorax ample et profond, côtes bien arquées, épaule longue et inclinée. Membres solides, canon fin mais résistant, tendons bien détachés, paturon de bonne inclinaison et bonne longueur, pied proportionné.
Histoire Lors de la domination sarrazine, des sujets Arabes et, plus tard, au début du XVIe siècle, des étalons Andalous importés par Ferdinand le Catholique furent accouplés à des juments indigènes. En déclin dans les premières années du XVIIIe siècle, la race connut, au XXe siècle, une reprise due à l'apport de sang nouveau Arabe. Actuellement, on recourt plus souvent au croisement avec le Pur-Sang Anglais d'où procède le type actuel, de stature et de structure très différentes du modèle ancien.

26 SALERNITANO

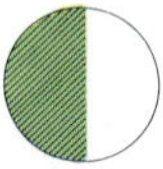

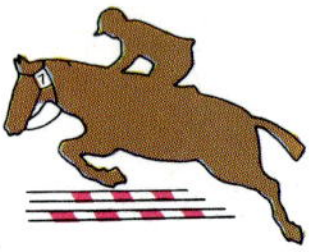

Race Salernitano (Salernitain, race de Persan).
Origine Italie (Campanie).
Répartition géographique Italie.
Aptitudes Selle.
Qualités Bon sauteur.
Caractère Tranquille et équilibré mais énergique.
Morphologie Type médio-longiligne. Hauteur au garrot : 1,62-1,70 m. Robe : bai, alezan, noir, gris. Tête légère et bien attachée, profil rectiligne, front large et carré, œil vif, narines larges. Encolure longue et bien attachée; garrot assez proéminent et musclé, ligne dorso-lombaire correcte, reins courts, croupe musclée et arrondie, thorax profond, épaule longue et correctement inclinée. Canon fin mais résistant, tendons bien détachés et secs, pied pourvu d'un ongle solide.
Histoire Ses origines remontent au Napolitain, en vogue au Moyen Âge, amélioré par d'importants apports de sang oriental et espagnol. La race se développa à l'époque des Bourbons, grâce surtout à Charles III qui, en 1763, favorisa son amélioration. Après une crise au moment de la réunification de l'Italie, l'élevage sera supprimé en 1874, avant d'être repris au début du siècle : une laborieuse reconstitution parvint à faire du Salernitain un bon carrossier et un excellent cheval de selle; ce résultat fut obtenu grâce à l'utilisation systématique d'étalons Pur-Sang Anglais de type « stayer », désormais préférés à l'Arabe. Cette nouvelle orientation s'est traduite par une augmentation de la stature, tandis que la robe grise, très répandue jadis, se fait rare.

---

27 CALABRESE

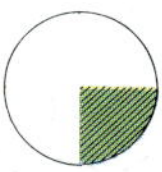

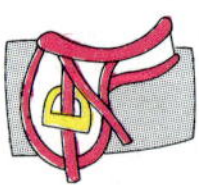

Race Calabrese (Calabrais).
Origine Italie (Calabre).
Répartition géographique Italie (Calabre).
Aptitudes Selle.
Qualités Sobre et infatigable.
Caractère Actif et vif, docile.
Morphologie Type médio-longiligne. Hauteur au garrot : 1,60-1,65 m. Robe : bai, bai sombre, noir, gris, alezan. Belle tête, profil rectiligne ou moutonné. Encolure proportionnée, garrot élevé, ligne dorso-lombaire droite, reins courts, croupe oblique, thorax ample et profond, épaule longue et inclinée. Membres présentant des tendons résistants, sabot bien fait et solide, aplombs corrects.
Histoire Ses origines les plus lointaines confirment son ascendance Arabe tandis que, à l'époque des Bourbons, son croisement avec l'Andalou lui conféra une certaine élégance d'allure. De l'Arabe, le Calabrais a hérité en outre des formes très harmonieuses, une grande robustesse et une remarquable endurance. L'influence récente du Pur-Sang Anglais s'est traduite par une augmentation de la stature, mieux adaptée aux fonctions que ce cheval est appelé à remplir. Mais, pour préserver ses caractéristiques propres, on recourt de temps à autre à des apports de sang oriental.

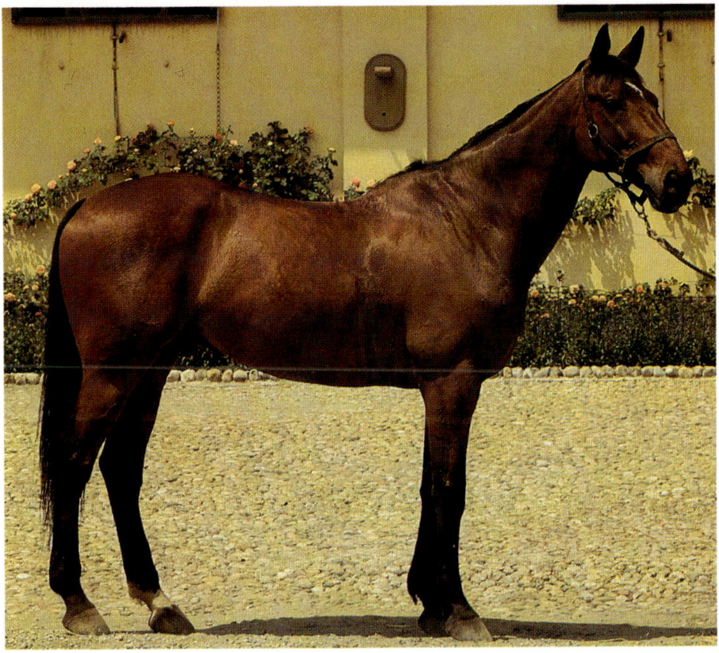

28 SICILIANO

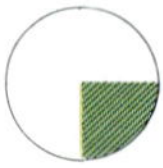
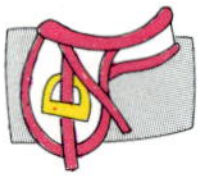

Race Siciliano (Sicilien).
Origine Italie (Sicile).
Répartition géographique Italie (Sicile).
Aptitudes Selle et trait léger.
Qualités Résistance à la fatigue, excellent fond.
Caractère Vif et nerveux.
Morphologie Type médio-longiligne. Hauteur au garrot : 1,50-1,55 m. Robe : bai, noir, alezan, gris (pommelé). Tête légère, profil rectiligne ou légèrement moutonné, oreilles petites, œil vif, naseaux larges. Encolure proportionnée, musclée et bien attachée; garrot haut, ligne dorso-lombaire courte, dos et reins robustes, croupe anguleuse et plutôt horizontale, queue bien attachée et fournie; thorax ample et profond, épaule inclinée. Membres longs et musclés, articulations larges et sèches, tendons résistants et bien détachés, pied bien fait et proportionné.
Histoire Plutôt que de race proprement dite, il conviendrait de parler de population chevaline locale, fortement marquée par des apports de sang oriental. On est en présence, en effet, de deux groupements ethniques distincts : l'un, originaire des provinces de l'Est (Catane, Syracuse, Raguse), est de type plus longiligne; l'autre, vivant dans les régions intérieures, est plus médioligne et présente des caractères instables, pas toujours conformes au standard.

---

29 SANFRATELLANO

Race Sanfratellano (race de San Fratello).
Origine Italie (Sicile).
Répartition géographique Italie (Sicile).
Aptitudes Selle, bât, trait léger.
Qualités Robuste et sobre.
Morphologie Beau type de cheval médio-longiligne. Hauteur au garrot : 1,52-1,58 m. Poids : 500-580 kg. Robe : toujours noir, bai ou bai sombre. Tête légèrement lourde, profil rectiligne ou parfois moutonné, oreilles droites, œil expressif. Encolure proportionnée; garrot plutôt proéminent, ligne dorso-lombaire droite, reins courts et robustes, flancs bien dessinés, croupe large et musclée, légèrement oblique, queue bien attachée. Thorax ample et profond, épaule correctement inclinée. Membres bien structurés et musclés, bonne ossature, articulations et tendons résistants, paturon correctement incliné, sabot bien fait et robuste.
Histoire Cheval rustique élevé à l'état sauvage dans la province de Messine (San Fratello et communes voisines), sur les monts Nebrodi, au milieu des forêts de chênes et de hêtres. C'est un sujet endurant, doté d'un appareil locomoteur excellent. Mâtiné de sang Andalou, Salernitain et, plus récemment, de Nonius, il s'est cependant révélé réfractaire à toute tentative d'amélioration, si l'on excepte les croisements avec le Maremmien, auquel il ressemble quelque peu. La race est soumise à une sélection sévère et, à l'âge de trente mois, on accoutume les mâles au bât. La docilité et la robustesse du Sanfratellano le destinent au tourisme équestre.

30 OLDENBOURG

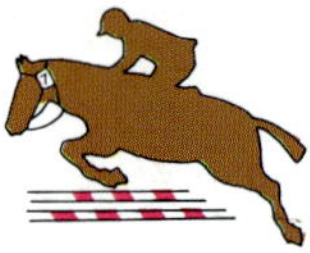
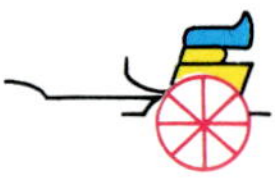

Race Oldenbourg.
Origine Allemagne de l'Ouest.
Répartition géographique Allemagne.
Aptitudes Selle et trait léger.
Qualités Bon sauteur, précoce, longévité.
Caractère Tranquille mais énergique.
Morphologie Type médio-longiligne, de bonne stature. Hauteur au garrot: 1,65-1,75 m. Robe: bai, bai sombre, noir, gris, plus rarement alezan. Tête de proportions moyennes, profil rectiligne ou moutonné, oreilles droites, naseaux larges. Encolure de longueur moyenne, musclée, bien attachée et portée avec élégance; garrot assez relevé, ligne dorso-lombaire droite, croupe ample, horizontale et musclée, queue attachée haut, thorax ample et profond, épaule inclinée et musclée. Membres musclés, avec articulations larges, tendons bien détachés, sabot solide.
Histoire La race, issue du Frison, a été améliorée grâce à l'apport d'étalons Espagnols, Napolitains, Anglo-Arabes et de Pur-Sang Anglais, mais surtout, à la fin du XIXe siècle, de Cleveland Bay. Anton Günther (1603-1667) fut le premier amateur de ce carrossier qui deviendrait, trois siècles plus tard, à la fin du XIXe siècle, un imposant cheval d'attelage. Pour faire face aux nouvelles exigences du marché, l'élevage tout entier est actuellement orienté vers la production de chevaux de selle, aptes aux sports équestres.

---

31 TRAKEHNER

Race Trakehner (Trakehnen, Prussien Oriental).
Origine Allemagne de l'Ouest.
Répartition géographique Europe et Amérique.
Aptitudes Selle et trait léger.
Qualités Bon sauteur, remarquable fond.
Caractère Tranquille mais dynamique.
Morphologie Type médio-longiligne. Hauteur au garrot: 1,62-1,67 m. Robe: bai, bai sombre, noir, plus rarement gris. Tête proportionnée et bien attachée, profil rectiligne, front large et œil vif. Encolure bien dessinée, longue et bien attachée: garrot plutôt relevé, ligne dorso-lombaire droite, croupe légèrement oblique, queue bien attachée. Thorax profond, épaule musclée, longue et inclinée. Membres musclés, articulations larges et sèches, tendons bien détachés, sabot résistant.
Histoire Produit du haras de Trakehnen, fondé en 1732 en Lituanie par Frédéric II de Prusse à des fins militaires. La race résulte de l'apport d'étalons d'origines diverses, mais plus particulièrement du « Schweiken », ancien cheval local déjà mâtiné en 1500 de sang oriental. Une série de croisements répétés, complétée d'apports ultérieurs d'Arabe et de Pur-Sang Anglais, aboutit à la fixation des caractères actuels. À la fin de la Seconde Guerre mondiale, plus d'un millier de sujets ont été transférés en Allemagne de l'Ouest, où les élevages se sont reconstitués tandis que les exemplaires demeurés en Prusse ont donné naissance au Mazurien. Doté d'une action ample et brillante, le Trakehner est un cheval sportif de tout premier ordre.

32 HANOVRE

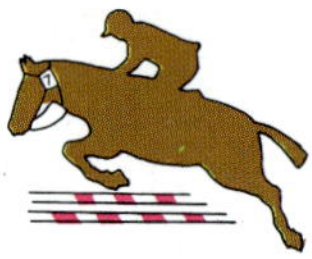

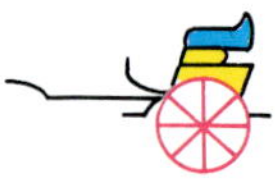

Race Hanovre (Hanovrien).
Origine Allemagne de l'Ouest (Hanovre, Basse-Saxe).
Répartition géographique Europe et Amérique.
Aptitudes Selle et trait léger.
Qualités Bon sauteur.
Caractère Courageux et tranquille.
Morphologie Type médio-longiligne. Hauteur au garrot : 1,56-1,72 m. Poids : 500-600 kg. Robe : alezan, bai, bai sombre, noir, gris, liste et balzanes fréquentes. Tête proportionnée et bien attachée, ganaches bien dessinées, profil rectiligne ou convexe. Encolure longue et musclée, de bonne conformation et bien attachée; garrot relevé, ligne dorso-lombaire droite et allongée, croupe assez longue, ample et arrondie, queue bien attachée et portée avec élégance; thorax ample et profond, épaule longue et inclinée. Membres résistants et musclés, articulations larges et sèches, tendons bien détachés, pied pourvu d'un ongle résistant.
Histoire Cette race très ancienne a subi depuis le début du XVIIIe siècle de profondes modifications de sa structure. En effet, lorsque George-Louis, Électeur de Hanovre, monta en 1714 sur le trône d'Angleterre sous le nom de George Ier, l'événement favorisa l'introduction de Pur-Sang Anglais dans la race, jadis exclusivement destinée au trait et aux travaux agricoles. En 1735, George II, poursuivant l'œuvre de transformation de la race, fonda une écurie dans la petite ville de Celle (Basse-Saxe), à environ 40 km de Hanovre : les croisements pratiqués dans ce haras ont produit un cheval plus léger, excellent carrossier, qui sera utilisé à l'attelage des carrosses royaux jusque sous le règne de George V. Mais, vers la fin du XIXe siècle, cet apport de sang anglais fut stoppé pour éviter que la race ne devienne inapte à ses fonctions. Toutefois, avec l'avènement de la motorisation et la révolution moderne dans le domaine des transports, le Hanovrien a dû aussi inexorablement s'adapter aux nouvelles exigences. À l'apport de Pur-Sang Anglais s'est alors ajouté celui du Trakehner, avec notamment l'étalon *Semper Idem*, à qui le Hanovrien doit d'être devenu un cheval sportif moderne. Animal solide et bien conformé, de formes élégantes et harmonieuses, le Hanovrien a été utilisé aussi comme reproducteur pour l'amélioration d'autres races, dont l'Oldenbourg. Le Hanovrien est un animal polyvalent, aussi apte à la chasse au renard qu'aux concours d'obstacles, au dressage, voire aux concours complets d'équitation, où il s'est brillamment illustré par son talent à franchir les obstacles et par ses remarquables qualités de fond et sa grande endurance.

33 HOLSTEIN

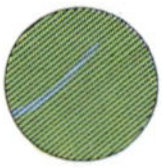

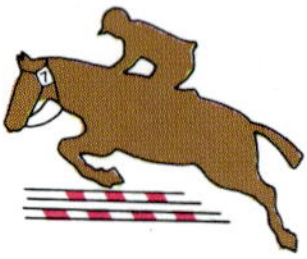

Race Holstein.
Origine Allemagne de l'Ouest.
Aptitudes Selle.
Qualités Bon sauteur.
Caractère Docile et tranquille mais énergique.
Morphologie Type médio-longiligne. Hauteur au garrot : 1,62-1,72 m. Robe : bai, bai sombre, noir, gris, alezan. Tête allongée, profil rectiligne ou légèrement moutonné, oreilles plutôt longues, œil vif et expressif, naseaux larges. Encolure longue et bien conformée, musclée, portée avec élégance; garrot proéminent, ligne dorso-lombaire droite et souvent allongée, dos et reins robustes, croupe ample et musclée, légèrement oblique, queue attachée; thorax ample et profond, épaule musclée, longue et inclinée. Membres musclés, articulations larges et sèches, canon plutôt long, tendons bien détachés, sabot solide.
Histoire Élevé à partir de 1300 dans une écurie du monastère d'Ütersen, au nord-ouest de l'embouchure de l'Elbe, dans une région marécageuse, le Holstein était au Moyen Âge un cheval de guerre, d'aspect plutôt lourd, type « Great Horse ». Il conservera ces qualités lorsqu'il sera utilisé comme cheval de selle ou de trait pour transporter les pièces d'artillerie. La formation de la race est due à l'apport de chevaux orientaux, Espagnols, Napolitains et, plus tard, de Pur-Sang Anglais, de Cleveland Bay et de Trekehner. Plus récemment, la race a été améliorée par des croisements avec le Pur-Sang Anglais, qui ont contribué à développer ses qualités sportives.

---

34 WÜRTTEMBERG

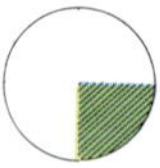

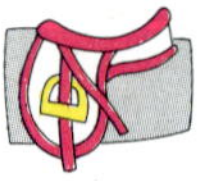

Race Württemberg.
Origine Allemagne de l'Ouest.
Répartition géographique Allemagne de l'Ouest.
Aptitudes Selle, trait léger, travaux agricoles.
Qualités Fort et résistant.
Caractère Docile et tranquille.
Morphologie Type médioligne. Hauteur au garrot : 1,62 m environ. Robe : bai, bai sombre, noir et alezan, avec d'éventuelles marques blanches. Tête de longueur moyenne, plutôt carrée, profil rectiligne, oreilles droites. Encolure proportionnée, de bonne conformation; garrot relevé, ligne dorso-lombaire longue et droite, croupe légèrement oblique, queue bien attachée; thorax profond, épaule musclée et correctement inclinée. Membres résistants, bonne musculature, canon robuste, sabot bien fait et solide.
Histoire La race, dont les origines remontent au XVIe siècle, procède de l'élevage de Marbach, à partir de juments autochtones croisées avec des étalons Arabes, Caucasiens et Suffolk, et fut améliorée par la suite par des ajouts de sang de Trakehner, Normand et Anglo-Normand. De 1895 date la création du stud-book. Cheval robuste et, dans l'ensemble, de bonne conformation, le Württemberg était jadis affecté aux travaux agricoles dans les fermes de la région. Il est considéré de nos jours comme un bon sujet de selle, apte à l'équitation sportive.

35 FRISON ORIENTAL

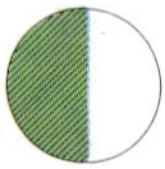

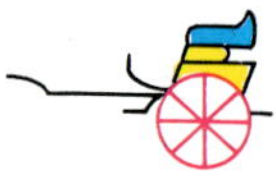

Race Frison Oriental.
Origine Allemagne de l'Est (Thuringe).
Répartition géographique Allemagne de l'Est.
Aptitudes Selle et trait léger.
Qualités Élégance de mouvements.
Caractère Vif et courageux.
Morphologie Type médio-longiligne. Hauteur au garrot : 1,54-1,64 m. Robe : bai, bai sombre, noir, gris, alezan. Tête proportionnée, profil rectiligne, œil vif, naseaux larges. Encolure longue et légèrement rouée; garrot assez relevé, ligne dorso-lombaire longue et droite, croupe légèrement oblique, queue bien attachée; thorax large et profond, épaule longue et bien inclinée. Membres présentant des articulations larges et sèches, cuisse musclée, avant-bras et jambe longs et musclés, tendons bien détachés et résistants.
Histoire Jusqu'à l'unification de l'Allemagne, la race se développa parallèlement à l'Oldenbourg, avec lequel il a des origines communes. Dans le nouveau paysage politique défini après la Seconde Guerre mondiale, les destins des deux races se séparent, prenant des orientations différentes : le Frison Oriental a en effet bénéficié de l'apport d'étalons Arabes provenant des élevages de Bâbolna et de Marbach, l'étalon gris *Gazal* ayant joué un rôle essentiel dans cette évolution. Ces croisements ont entraîné un affinement de la race; toutefois, pour répondre aux nouvelles exigences du marché, de jour en jour plus orienté vers le cheval sportif, on recourt à l'introduction du Hanovrien.

---

36 MECKLEMBOURGEOIS

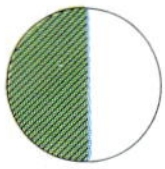

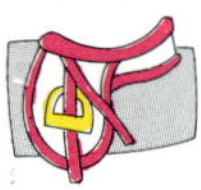

Race Mecklenburg.
Origine Allemagne de l'Est.
Répartition géographique Allemagne de l'Est.
Aptitudes Selle.
Qualités Fort et courageux.
Caractère Docile et tranquille.
Morphologie Type médio-longiligne. Hauteur au garrot : 1,54-1,65 m. Robe : bai, bai sombre, noir, alezan. Tête de proportions moyennes, profil rectiligne. Encolure robuste et assez longue; garrot relevé, ligne dorso-lombaire droite, reins amples et forts, croupe oblique, thorax ample et profond, épaule correctement inclinée. Membres résistants, bonne ossature et articulations sèches, sabot de forme arrondie et dur.
Histoire Jadis apprécié comme carrossier, notamment pour sa stature imposante, ce cheval a dû subir le processus de transformation auquel, pour survivre, sont soumises la plupart des races semblables. Le Mecklembourgeois présente de nombreux points de ressemblance avec le Hanovrien, mais sa taille est légèrement inférieure. La race a été reconstituée après la Seconde Guerre mondiale en Allemagne de l'Est, où l'État gère directement la monte des étalons, alors que les juments sont généralement la propriété d'éleveurs particuliers.

37 LIPIZZAN

Race Lipizzan.
Origine Autriche.
Répartition géographique Autriche, Yougoslavie, Italie, Hongrie.
Aptitudes Selle, trait léger, trait lourd rapide, travaux agricoles.
Qualités Sobre, résistant, intelligent et plein de bonne volonté.
Caractère Docile mais vif et énergique.
Morphologie Type médio-longiligne. Hauteur au garrot : 1,52-1,65 m. Robe : à dominante grise, mais parfois bai, noir, rouan et blanc. Tête allongée, profil rectiligne ou légèrement convexe, ganaches plutôt prononcées, oreilles petites, œil grand et expressif, naseaux larges. Encolure robuste, arquée et bien attachée, ornée d'une crinière abondante et soyeuse; garrot peu prononcé, large et musclé, dos long et parfois un peu ensellé, reins amples et musclés, croupe également musclée, courte, large et arrondie; queue bien attachée et bien portée, très fournie, aux crins longs et fins; thorax ample et profond, épaule inclinée et musclée. Membres robustes et résistants, musclés, articulations larges et sèches, tendons bien détachés, pied petit, ongle solide. Aplombs corrects.
Histoire Le berceau de la race est Lipizza, près de Trieste, aujourd'hui en Yougoslavie mais, au moment de la formation de la race, propriété de l'Autriche et, ensuite, de l'Italie, qui ne peuvent donc plus en revendiquer la paternité. Les origines du Lipizzan remontent au XVIe siècle lorsque l'archiduc Charles de Styrie fit venir un lot de juments italiennes de Vérone, de Polésine et d'Aquilée, ainsi que deux étalons importés d'Espagne. Le Lipizzan devint vite célèbre, car il fournissait la remonte exclusive de la fameuse École d'équitation de Vienne fondée en 1729, baptisée « espagnole » pour souligner la forte proportion de sang Andalou des spécimens utilisés. Toutefois, en 1717, les étalons espagnols étaient remplacés par des sujets Napolitains, Kladruber et Frederiksborg, puis Arabes. Lors de la chute de l'Empire austro-hongrois, l'élevage fut transféré à Piber d'où, à la fin de la Seconde Guerre mondiale, il fut évacué par les Américains soucieux de le soustraire aux Soviétiques, qui avançaient sur l'autre front. En dehors de celui de Lipizza, berceau de la race, des élevages se sont formés en Autriche (Piber), à Monterotondo près de Rome et en Hongrie à Bâbolna. Les six lignées de Lipizzans qui se sont maintenues jusqu'à nos jours descendent des étalons suivants : deux Andalous (le gris *Maestoso* et l'aubère *Favory*), deux Napolitains (le bai sombre *Conversano* et le bai *Napolitain*), un Frederiksborg (le gris *Pluto*) et un Arabe (le gris *Siglavy*). La dominante grise de ces chefs de lignée s'est donc transmise à leur descendance. Signalons à ce propos que les sujets gris naissent noirs et ne revêtent que plus tard leur robe définitive. Le Lipizzan est un cheval robuste, de grande longévité, mais peu précoce. Harmonieux et bien structuré, il témoigne encore visiblement de l'influence de l'Andalou et du Napolitain qui procède de celui-ci.

38 KLADRUBER

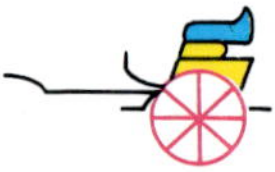

Race Kladruber.
Origine Tchécoslovaquie (Bohême).
Répartition géographique Tchécoslovaquie.
Aptitudes Trait léger, trait lourd rapide, selle.
Qualités Fort et généreux, bonne longévité.
Caractère Tranquille mais vif.
Morphologie Type médioligne. Hauteur au garrot: 1,63-1,77 m. Robe: gris ou noir. Tête allongée, ganaches prononcées, profil convexe, front large, œil grand, naseaux larges. Encolure proportionnée, musclée et légèrement rouée; garrot large et peu haut, ligne dorso-lombaire longue et droite, reins amples, croupe courte, large et arrondie, queue bien attachée et pourvue de crins longs et fins; thorax ample et profond, épaule musclée et correctement inclinée. Membres résistants, articulations larges et sèches, avant-bras et jambe longs, canon fin mais solide, tendons résistants et bien détachés, paturon un peu long, pied bien fait.
Histoire Créée au XVIe siècle au Haras royal de Kladrub, la race a préservé au maximum sa pureté, n'ayant été améliorée que par le seul apport extérieur d'étalons Napolitains et Andalous, qui avaient déjà joué un rôle dans sa formation. Les deux robes qui caractérisent le Kladruber sont dues à deux étalons Napolitains chefs de lignée: le gris *Pepoli* (1764) et le noir *Sacromoso* (1799). Le Kladruber était un grand cheval, dépassant parfois 1,80 m. On compte actuellement quatre courants qui descendent des étalons *Generale, Generalissimus, Sacromoso* et *Favory*: de ce dernier procèdent certaines familles actuelles de Lipizzans.

---

39 CHEVAL DE SELLE SUÉDOIS

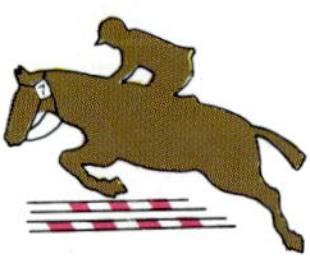

Race Cheval de Selle Suédois (Swedish Halfbred, Swedish Warm Blood).
Origine Suède.
Répartition géographique Europe et États-Unis.
Aptitudes Selle.
Qualités Bon sauteur.
Caractère Tranquille et intelligent.
Morphologie Type médio-longiligne. Hauteur au garrot: 1,64-1,70 m. Robe: bai, bai sombre, alezan, gris. Tête proportionnée et bien attachée, profil rectiligne ou moutonné, oreilles longues, œil vif. Encolure longue et bien dessinée; garrot proéminent, ligne dorso-lombaire longue et droite, croupe ample, longue et horizontale; queue attachée haut, thorax ample et profond, épaule correctement inclinée et musclée. Membres longs et résistants, musclés, articulations larges et sèches, tendons secs et bien détachés, sabot bien fait et solide; aplombs corrects.
Histoire À partir d'un cheval de trait indigène, un élevage rigoureusement sélectif, produit de croisements répétés avec des races très diverses telles que l'Arabe, l'Andalou, le Frison, le Hanovrien, le Trakehner et le Pur-Sang Anglais, a permis la création de cette race, dont les origines remontent au début du XVIIe siècle. Employé jadis par l'armée, le Cheval Suédois est aujourd'hui un cheval de selle rompu à tous les sports équestres; excellent sauteur, se prêtant admirablement au dressage, il est le sujet idéal du concours complet d'équitation.

40 FINLANDAIS UNIVERSEL

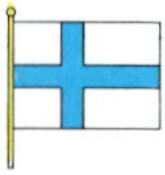

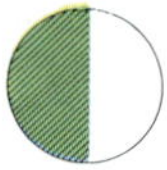

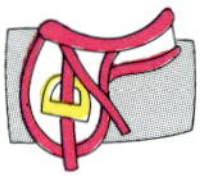

Race Finlandais Universel.
Origine Finlande.
Répartition géographique Finlande.
Aptitudes Trait léger ou moyen-léger, course de trot, travaux agricoles, selle.
Qualités Courageux et plein de bonne volonté.
Caractère Docile et généreux.
Morphologie Type médioligne. Hauteur au garrot: 1,50-1,57 m. Poids: 500-580 kg. Robe: alezan, bai ou gris, plus rarement bai sombre et noir. Tête pas trop grande, assez lourde et carrée, profil rectiligne, oreilles petites et pointues, œil doux. Encolure forte et de longueur moyenne, mal attachée, garrot pas très haut, ligne dorso-lombaire plutôt courte, croupe oblique, queue attachée bas, thorax haut et profond, ventre soutenu, épaule musclée mais peu inclinée. Membres pas très longs mais résistants, articulations larges et sèches, paturon court, pied bien fait.
Histoire Il descend du poney indigène croisé avec des races d'origines et de morphologies diverses. Deux modèles étaient développés dans le passé: l'un plus lourd, apte aux travaux plus durs; l'autre plus léger, représenté précisément par le type actuel. Cheval polyvalent, d'où son nom d'« universel », il est très apprécié également dans les courses de trot attelé, très populaires en Scandinavie, réservées aux races similaires.

---

41 GIDRAN

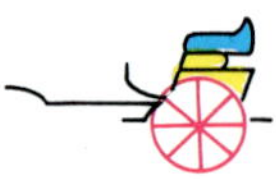

Race Gidran (Anglo-Arabe Hongrois).
Origine Hongrie.
Répartition géographique Hongrie, Pologne, Bulgarie.
Aptitudes Selle et trait léger.
Qualités Bon sauteur.
Caractère Vif mais pas toujours docile.
Morphologie Type longiligne. Hauteur au garrot: 1,60-1,70 m. Robe alezane. Tête petite et bien attachée, profil rectiligne, oreilles petites, œil grand et vif. Encolure plutôt longue et bien conformée; garrot haut, ligne dorso-lombaire droite et allongée, croupe musclée, ample et généralement courte, queue bien attachée, thorax ample et profond, épaule inclinée et musclée. Cuisse développée et musclée, canon plutôt court, tendons bien détachés et secs, pied bien fait, ongle résistant; aplombs corrects.
Histoire La race, créée au siècle dernier, tire son nom de l'étalon Arabe *Gildran*: descendant de la souche *Siglavy*, élevé au haras de Bâbolna (Hongrie), ce dernier était fils d'un étalon appelé *Gidran*, importé en 1816 d'Orient. Des croisements répétés avec le Pur-Sang Anglais ont permis de fixer les caractères de la race, d'où l'appellation de Anglo-Arabe Hongrois, également attribuée à ce cheval. Le Gidran, qui est un animal très fougueux, particulièrement racé, est actuellement exporté dans toute l'Europe de l'Est pour être croisé avec des juments autochtones. Excellent sauteur, il se prête bien au sport et au dressage.

42 SHAGYA-ARABE

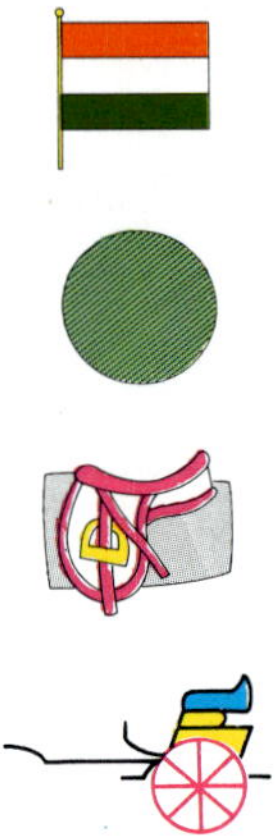

Race Shagya- Arabe.
Origine Hongrie.
Répartition géographique Autriche, Allemagne, Roumanie, Tchécoslovaquie, Pologne, Yougoslavie, États-Unis.
Aptitudes Selle et trait léger rapide.
Qualités Vitesse et fond.
Caractère Énergique et vif.
Morphologie Type médioligne. Hauteur au garrot: 1,48-1,57 m. Robe généralement grise, plus rarement noire. Il présente toutes les caractéristiques (tête et corps) de l'Arabe, dont il se distingue essentiellement par sa stature plus haute.
Histoire La race, dont les origines remontent à 1789, a été créée au haras de Bâbolna. En 1816, les autorités militaires donnèrent l'ordre de croiser toutes les juments disponibles avec des étalons orientaux. Entre 1830 et 1840, on enregistrait un nouvel apport de sang Arabe dû à l'importation directe d'Orient d'étalons et de juments: parmi ces étalons s'est particulièrement illustré le gris *Shagya*, remarquable reproducteur, responsable d'une descendance homogène, à laquelle il a transmis sa robe grise.

---

43 NONIUS

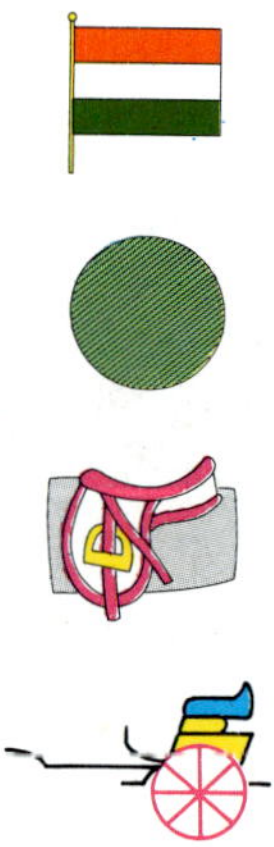

Race Nonius.
Origine Hongrie.
Aptitudes Selle, trait léger et moyen-léger.
Qualités Fort et résistant.
Caractère Tranquille et docile mais vif.
Morphologie Type médioligne, dont il existe deux types: un petit (1,45-1,55 m) et un grand (1,55-1,65 m). Robe: bai ou bai sombre. Tête un peu allongée mais légère et bien attachée, profil rectiligne ou légèrement convexe, front large, oreilles longues, naseaux larges. Encolure longue et musclée, bien attachée; garrot sec et assez relevé, ligne dorso-lombaire longue mais parfois creusée, croupe arrondie mais pas très ample, queue bien attachée; thorax ample et profond, épaule longue et correctement inclinée. Membres solides et musclés, articulations sèches, tendons bien détachés, paturon court, sabot bien fait et solide.
Histoire La race descend d'un étalon français du même nom, fils d'un demi-sang anglais et d'une jument Normande. S'il n'était pas un champion de beauté, *Nonius* se révéla en revanche un reproducteur exceptionnel. Il fut très vite accouplé à des juments autochtones, Andalouses, Arabes, Kladruber, Normandes et demi-sang anglaises: très prolifiques, celles-ci transmirent à leurs produits leur empreinte unique. Il existe deux types de Nonius: un type léger, le Petit Nonius, polyvalent mais peu esthétique, dérivé du Pur-Sang Anglais; un type plus grand, le Grand Nonius, résultant du croisement avec l'Anglo-Normand, très recherché encore de nos jours comme carrossier.

44 FURIOSO-NORTH STAR

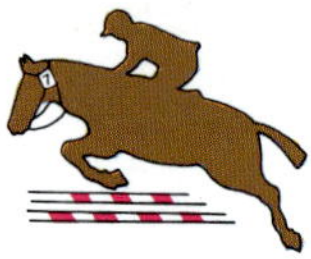
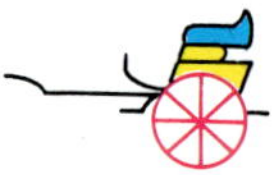

Race Furioso-North Star.
Origine Hongrie.
Répartition géographique Hongrie, Tchécoslovaquie, Pologne, Roumanie, Autriche.
Aptitudes Selle et trait léger.
Qualités Fort et résistant.
Caractère Tranquille mais énergique.
Morphologie Type médio-longiligne. Hauteur au garrot : 1,60-1,65 m. Robe : bai, bai sombre ou noir. Tête proportionnée et bien attachée, profil rectiligne. Encolure de bonne conformation, plutôt longue et ornée d'une crinière flottante; garrot proéminent, ligne dorso-lombaire longue et droite, croupe musclée et légèrement oblique, queue bien attachée et longue; thorax ample et profond, épaule musclée, longue et inclinée. Membres pourvus d'une bonne musculature, articulations solides et sèches, tendons bien détachés et résistants, sabot bien fait; aplombs corrects.
Histoire La race fut créée au milieu du XIXe siècle lorsque furent introduits dans les écuries de Mezöhegyes deux étalons, le Pur-Sang Anglais *Furioso* (1836) et le Norfolk Roadster *North Star* (1844). Le croisement de ces deux étalons avec des juments de race Nonius engendra deux familles qui ne conservent plus leur identité originelle, la race ayant pris le nom des deux chefs de lignée. Actuellement, ce beau cheval, autrefois apprécié comme carrossier est particulièrement destiné aux sports équestres.

---

45 BULGARE ORIENTAL

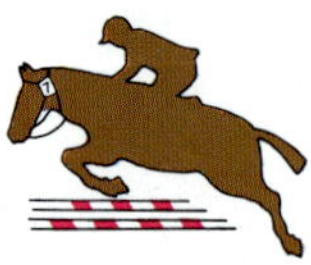
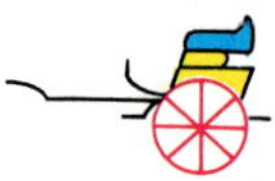

Race Bulgare Oriental.
Origine Bulgarie.
Répartition géographique Bulgarie.
Aptitudes Selle et trait léger.
Qualités Fond, bon sauteur.
Caractère Tranquille mais énergique.
Morphologie Type médio-longiligne. Hauteur au garrot : 1,50-1,60 m. Robe alezane ou noire. Tête légère et bien attachée, profil rectiligne, œil vif. Encolure plutôt longue et bien conformée; garrot proéminent, ligne dorso-lombaire longue et droite, croupe un peu oblique, queue bien attachée, thorax haut et profond, épaule bien inclinée et musclée. Membres solides et élancés, bonne musculature, tendons secs, pied bien fait et résistant.
Histoire Les origines de cette race, relativement récente, remontent à la fin du XIXe siècle. Le cheval est né au haras Vassil Kolarov, près de Shumen, par suite de croisements avec le Pur-Sang Anglais et d'un demi-sang anglais, l'Arabe et l'Anglo-Arabe; puis la race, une fois fixée, ne sera plus améliorée que par le seul apport de Pur-Sang Anglais. Robuste et élégant, le Bulgare Oriental est un exceptionnel cheval de compétition, se prêtant aussi bien au dressage qu'aux parcours de campagne, ainsi qu'à divers autres sports.

446

46 CHEVAL DE PLEVEN

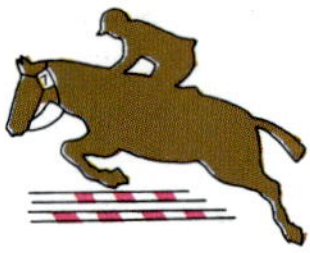

Race Plevna.
Origine Bulgarie.
Répartition géographique Bulgarie.
Aptitudes Selle, travaux agricoles.
Qualités Bon sauteur.
Morphologie Type longiligne. Hauteur au garrot : 1,55 m environ. Robe alezane. Tête bien proportionnée, profil rectiligne. Encolure plutôt longue et musclée; garrot haut, ligne dorso-lombaire longue et droite, croupe légèrement oblique, poitrine bien développée, thorax ample et profond, ventre rentré, épaule longue et inclinée. Membres bien structurés, articulations longues et sèches, avant-bras et jambe longs et musclés, canon long, tendons bien détachés et résistants, pied bien fait; aplombs corrects.
Histoire La race, d'origine récente, s'est formée à la fin du siècle dernier au domaine agricole de Georgi Dimitrov, situé près de Plevna. Le Cheval de Pleven est en fait un Anglo-Arabe, résultat du croisement d'étalons Anglo-Arabes avec des juments Arabes ou des demi-sang autochtones. Au cours des vingt-cinq années suivantes, et jusqu'en 1938, des croisements répétés avec des étalons Arabes et Gidran ayant permis de fixer les caractères de la race, on eut recours à l'introduction du Pur-Sang Anglais. La structure du Cheval de Pleven, alliée à ses aptitudes pour le saut, en fait un cheval polyvalent, particulièrement apte aux sports équestres.

---

47 DANUBIEN

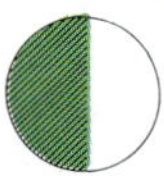

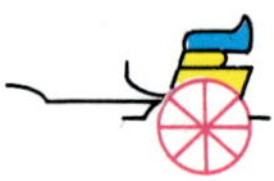

Race Danubien.
Origine Bulgarie.
Répartition géographique Bulgarie.
Aptitudes Trait léger et selle.
Qualités Fort et résistant.
Caractère Docile mais énergique.
Morphologie Type médio-longiligne. Hauteur au garrot : 1,54 m environ. Robe généralement alezane ou noire. Tête proportionnée, profil rectiligne. Encolure de moyenne longueur, robuste, large à la base; garrot relevé, ligne dorso-lombaire assez longue et droite, croupe légèrement oblique, queue bien attachée; thorax ample et profond, épaule plutôt inclinée mais massive. Membres fins, avant-bras et jambe plutôt longs, canon et paturon courts, sabot bien fait.
Histoire La race, de formation récente, est née au siècle dernier du croisement d'étalons Nonius avec des juments Gidran. Il en résulta un cheval de trait assez vigoureux, apte à la selle. Le Danubien est un animal robuste, mais peu harmonieux. Les juments de cette race, croisées avec le Pur-Sang Anglais, produisent d'excellents sauteurs.

48 MALAPOLSKI

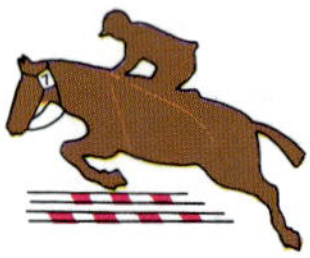

Race Malapolski (Anglo-Arabe Polonais).
Origine Pologne.
Répartition géographique Pologne.
Aptitudes Selle et trait léger.
Qualités Grand fond, bon sauteur.
Caractère Tranquille et équilibré.
Morphologie Type longiligne. Hauteur au garrot : 1,55-1,62 m. Robe : bai, bai sombre, noir, alezan, gris et rouan. Tête proportionnée, profil rectiligne. Encolure de bonne longueur; garrot assez relevé, ligne dorso-lombaire longue et droite, croupe plutôt oblique; thorax ample et profond, épaule longue et inclinée. Membres longs et résistants, musclés, bonnes articulations, pied bien fait, ongle dur.
Histoire Race de création récente, fortement mâtinée de sang oriental, mais qui a reçu aussi des apports de Pur-Sang Anglais, de Furioso et Gidran, qui ont joué un rôle essentiel dans son élaboration. On en distingue deux variétés : le Sadecki, marqué surtout par Furioso, et le Darbowsko-Tarnowski, qui témoigne de l'influence particulière du Gidran. Le Malapolski présente quelques traits de ressemblance avec un autre cheval polonais, le Wielkopolski, dont il se distingue par certaines nuances de structure selon les régions d'élevage. Dans l'ensemble, c'est un cheval apprécié pour ses aptitudes au saut, qui le destinent particulièrement aux sports équestres.

---

49 WIELKOPOLSKI

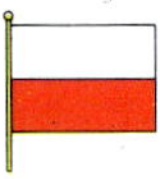

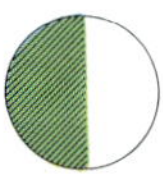

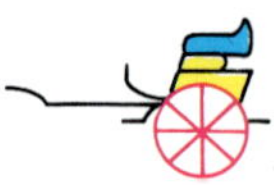

Race Wielkopolski.
Origine Pologne.
Aptitudes Selle et trait léger.
Qualités Conformation solide.
Caractère Équilibré, tranquille et courageux.
Morphologie Type médioligne. Hauteur au garrot : 1,54-1,64 m. Robe : bai, bai sombre, noir, gris, alezan. Tête bien conformée, profil rectiligne, oreilles droites, œil vif, naseaux larges. Encolure proportionnée, légèrement rouée et bien attachée; garrot assez relevé, ligne dorso-lombaire assez longue et droite, croupe légèrement oblique, poitrine ample, thorax haut et profond, ventre rentré, épaule longue, musclée et bien inclinée. Membres aux articulations larges et sèches, avant-bras et jambe longs et musclés, canon assez long, tendons secs et bien détachés, paturon correctement incliné, pied bien fait.
Histoire À l'élaboration de la race, de création récente, ont contribué, outre le Poznan et le Mazure, d'autres races régionales, autrefois nettement différenciées. Ces chevaux, tous bivalents, avaient dans leurs veines du sang Arabe, Hanovrien, Prussien Oriental et Pur-Sang Anglais. Certaines de ces races, bien que n'étant plus officiellement reconnues, subsistent sous des formes régionales proches du Wielkopolski. Celui-ci est un animal précoce et doté d'une action souple et efficace, aptitudes qui témoignent du rôle capital que des étalons orientaux et le Trakehner ont joué dans la formation de la race.

50 AKHAL-TÉKÉ

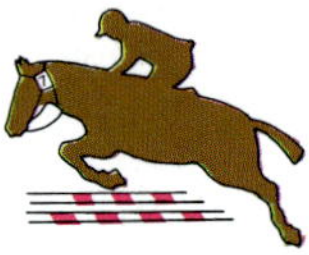

Race Akhal-téké.
Origine Union soviétique (Turkménistan).
Répartition géographique Union soviétique.
Aptitudes Selle.
Qualités Vitesse, selle, bon sauteur.
Caractère Vif et courageux, têtu et rebelle.
Morphologie Type résolument longiligne. Hauteur au garrot: 1,44-1,54 m. Robe: bai, gris, noir ou isabelle, souvent avec reflets dorés, liste et balzanes éventuelles. Tête légère et bien attachée, profil rectiligne, front large, oreilles longues et mobiles, œil vif et expressif, bout du nez fuselé, naseaux larges. Encolure longue et bien conformée, parfois un peu renversée; garrot sec et relevé, ligne dorso-lombaire droite et longue, croupe légèrement oblique, thorax harmonieux mais peu développé, ventre rentré, épaule inclinée. Membres longs et résistants, articulations larges et sèches, tendons bien détachés, paturon long, sabot bien fait. Peau fine recouverte de poils fins, courts et soyeux; crins courts et clairsemés, mais très fins.
Histoire Il est le descendant direct de l'ancien Cheval Turcoman, aujourd'hui disparu. Des élevages se sont formés dans les républiques soviétiques de l'Asie centrale, où sont appréciées son endurance et sa sobriété exceptionnelles qui lui permettent de s'adapter à tous les climats. En 1935, lors d'une course d'endurance, un Akhal-téké a couvert en trois jours, sans eau, les 400 km séparant les déserts du Karakorum de Moscou. Doté d'une action ample et souple, il réalise des prouesses dans les courses de vitesse et de très grand fond qui sont proprement stupéfiantes.

---

51 DON

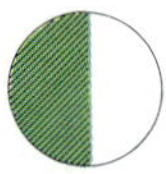

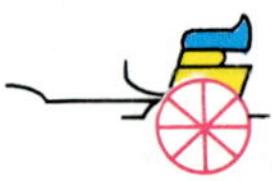

Race Don (Cheval du Don).
Origine Union soviétique.
Répartition géographique Union soviétique.
Aptitudes Selle et trait léger.
Qualités Fort et résistant.
Caractère Tranquille mais énergique.
Morphologie Type médio-longiligne. Hauteur: 1,55-1,65 m. Robe: bai, bai sombre, noir, gris, alezan. Tête proportionnée et bien attachée, profil rectiligne, œil grand et expressif. Encolure de moyenne longueur, bien conformée; garrot élevé, ligne dorso-lombaire longue et droite, croupe allongée et légèrement oblique; thorax ample et profond, épaule inclinée et bien dessinée. Membres longs et musclés, articulations larges et sèches, tendons résistants, pied large, ongle dur.
Histoire Il descend de l'ancien Cheval du Don, petit mais énergique et robuste, déjà mâtiné au XVIIIe siècle de sang Karabair, Karabach et Turkmène. Au début du XIXe siècle, la race a été considérablement améliorée par un apport de sang Orlov puis, à la fin du même siècle, de Pur-Sang Anglais. Le Don tire son nom du fleuve qui traverse la région des steppes où il trouve son milieu idéal. Il joue un rôle capital dans l'élevage chevalin soviétique, où il est utilisé pour améliorer ou créer d'autres races chevalines, dont le Boudienny.

52 BOUDIENNY

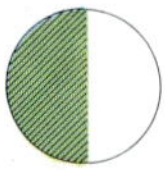
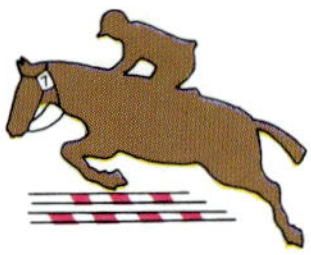
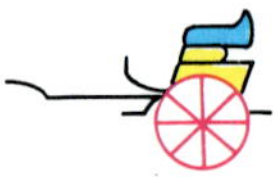

Race Boudienny.
Origine Union soviétique (Rostov).
Répartition géographique Union soviétique.
Aptitudes Selle, trait léger.
Qualités Bon sauteur.
Caractère Docile mais énergique.
Morphologie Type médio-longiligne. Hauteur au garrot : 1,55-1,62 m. Robe : généralement alezan, parfois bai ou gris, rarement bai sombre et noir. Tête proportionnée et bien attachée, profil rectiligne ou légèrement camus. Encolure longue et bien conformée; garrot proéminent et sec, ligne dorso-lombaire longue et droite, croupe légèrement oblique, queue bien attachée; thorax ample et profond, épaule longue et inclinée. Membres longs, dotés d'une bonne ossature et d'une bonne musculature, articulations solides, tendons secs et bien détachés, sabot bien conformé et résistant.
Histoire L'une des récentes races créées en Union soviétique après la chute des tsars; il doit son nom au maréchal Boudienny, héros de la Révolution et valeureux combattant, qui décida de créer un bon cheval pour l'armée. Le Boudienny fut élaboré au haras militaire de Rostov, par croisements de Pur-Sang Anglais avec le Don. La race n'a été officialisée qu'en 1948. Le Boudienny est un cheval doté d'une action ample et déliée, rompu à toutes les allures; grand galopeur et remarquable sauteur, il excelle dans tous les sports équestres, pour lesquels il est très recherché.

---

53 IOMUD

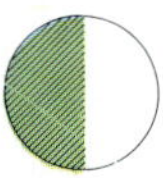

Race Iomud.
Origine Union soviétique (Turkménistan).
Répartition géographique Union soviétique.
Aptitudes Selle, trait léger.
Qualités Fort et résistant, bon sauteur.
Caractère Patient mais énergique.
Morphologie Type médio-longiligne. Hauteur au garrot : 1,45-1,52 m. Robe : généralement gris mais aussi alezan, bai, noir. Tête légère et bien conformée, profil rectiligne ou légèrement convexe, oreilles pointues, œil grand. Encolure bien dessinée, un peu large et de longueur moyenne; garrot assez relevé, ligne dorso-lombaire longue et droite, légèrement ensellée, croupe un peu oblique, thorax ample et profond, ventre rentré, épaule inclinée. Membres solides et musclés, articulations sèches et larges, tendons bien détachés, sabot bien fait et de bonne consistance.
Histoire Il est descendant direct de l'ancien Cheval Turcoman. Fils du désert, il se distingue par sa résistance au climat torride et au manque d'eau. Le Iomud présente d'étroites affinités avec le Turkmène et l'Akhal-Téké, dont il se distingue par une forme moins élancée, plus ramassée. Dans le domaine sportif, il excelle principalement dans les compétitions de cross-country, où il peut déployer ses talents de sauteur et son extraordinaire résistance à la fatigue.

54 TURKMÈNE

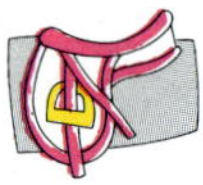

Race Turkmène.
Origine Union soviétique (Turkménistan).
Répartition géographique Union soviétique.
Aptitudes Selle.
Qualités Vitesse et fond.
Caractère Docile et courageux.
Morphologie Type longiligne. Hauteur au garrot : 1,52 m environ. Robe : gris, bai, bai sombre, noir, alezan. Tête proportionnée et bien attachée, profil rectiligne, front ample et oreilles longues. Encolure musclée, parfois renversée comme le cerf; garrot sec et relevé, ligne dorso-lombaire droite et longue, croupe longue et oblique, thorax profond, épaule inclinée, longue et musclée. Membres longs et fins mais résistants et musclés, paturon long, sabot petit mais solide; peau fine.
Histoire Comme le Iomud et l'Akhal-Téké, il descend en droite ligne de l'ancien Turcoman, aujourd'hui disparu. Cheval extrêmement rapide et doté de fond comme l'Akhal-Téké, il est actuellement utilisé dans son pays natal dans les courses de galop sur le plat. De port fier et élégant, il témoigne d'une action ample et déliée, notamment au galop.

---

55 TROTTEUR MÉTIS

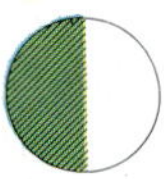

Race Trotteur Métis (Trotteur Russe).
Origine Union soviétique.
Répartition géographique Union soviétique.
Aptitudes Courses de trot.
Qualités Bonne vitesse et bon fond.
Caractère Docile mais énergique.
Morphologie Type longiligne. Hauteur au garrot : 1,55-1,60 m. Robe : bai, bai sombre, noir, gris, alezan. Tête proportionnée et bien attachée, profil rectiligne ou légèrement convexe. Encolure longue, musclée et bien attachée; garrot proéminent, ligne dorso-lombaire longue et droite. Thorax ample et profond, ventre assez rentré, épaule longue, musclée et correctement inclinée. Membres solides, articulations sèches, avant-bras long, paturon court, tendons bien détachés.
Histoire Le croisement de Trotteur Américain et d'Orlov décidé au début du siècle dans le but d'améliorer les aptitudes de ce dernier à la vitesse donna naissance au Trotteur Métis. Mais la race ne sera officialisée qu'en 1949. Le Trotteur Métis est un cheval doté d'une action déliée et rasante qui lui assure un trot particulièrement rapide. Souvent gaucher du pied postérieur, il a tendance à faucher (à marcher en décrivant un demi-cercle avec la jambe), ce qui lui facilite le passage aux allures plus rapides. Incontestablement plus brillant que l'Orlov, il ne peut cependant rivaliser avec les trotteurs européens et américains les plus rapides.

56 ORLOV

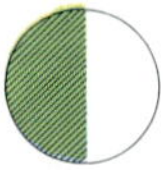

Race Orlov.
Origine Union soviétique.
Répartition géographique Union soviétique.
Aptitudes Courses de trot, trait léger rapide, travaux agricoles.
Qualités Fort et résistant, grand fond.
Caractère Docile mais énergique.
Morphologie Cheval bien conformé, de type médio-longiligne. Hauteur au garrot : 1,55-1,72 m. Robe : généralement gris (souvent pommelé), bai et noir, rarement alezan. Tête proportionnée et bien attachée, profil rectiligne, front large, œil vif. Encolure longue et musclée, légèrement rouée et bien attachée; garrot moyennement relevé, ligne dorso-lombaire droite, dos long et reins forts, croupe un peu allongée et légèrement oblique, queue bien attachée, thorax ample et profond, épaule droite, longue et musclée. Membres robustes et résistants, dotés d'une bonne musculature, articulations sèches et solides, bras et avant-bras longs, canon long et d'une bonne circonférence, tendons bien détachés et secs, sabot bien fait.
Histoire La race fut créée au XVIIIe siècle dans l'élevage du comte Orlov, nommé commandant de la marine russe par la tzarine Catherine II qu'il avait aidée à monter sur le trône. Ayant vaincu la flotte turque, il reçut de l'amiral ennemi, en hommage à sa conduite chevaleresque, l'étalon Arabe *Smetanka*. Le comte Orlov fit procéder à divers croisements, notamment à celui de cet étalon oriental avec des juments Harddraver, danoises et hollandaises, mais *Smetanka* mourut après une seule saison de monte. De l'une de ces juments danoises, de robe isabelle, devait naître en 1778 le splendide *Polkan*, qui couvrit à son tour une jument danoise, donnant naissance en 1874 au prodigieux étalon gris *Bars I*, considéré comme le véritable fondateur de la race. Le croisement, soumis à une sélection draconienne avec des juments danoises, hollandaises, anglaises, russes, polonaises et Arabes, et amélioré par la suite grâce à l'apport d'étalons Pur-Sang Anglais, permit de fixer définitivement les caractères de l'Orlov. Le stud-book, institué en 1865 et d'abord ouvert à des chevaux d'origines diverses qui étaient capables de tenir le trot sur 1 km en deux minutes, n'admet plus l'inscription que de sujets de race pure Orlov. Le trotteur Orlov a contribué à la formation d'autres races de trotteurs grâce à l'importation en France, à la fin du siècle dernier, d'un certain nombre de juments, tandis que de nombreux sujets étaient introduits dans les élevages italiens et allemands. L'Orlov a, en outre, contribué à la formation et à l'amélioration d'autres races, dont le Cheval du Don. Sa robustesse le destine aux travaux agricoles, au trait léger rapide. Invaincu dans les courses de trot pendant une vingtaine d'années, l'Orlov est actuellement supplanté par les Trotteurs Français et Américains. Toutefois, des courses lui sont spécifiquement réservées sur les hippodromes soviétiques. Parmi les grands champions de la race, une place à part revient au gris *Ulov* (1928) qui, à l'âge de 5 ans, a tenu le trot sur une distance de 1 600 m en 2'05"10.

57 NOUVEAU KIRGHIZ

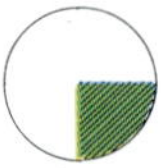

Race Nouveau Kirghiz.
Origine Union soviétique (Kirghizistan).
Répartition géographique Union soviétique (Kirghizistan).
Aptitudes Selle, trait léger, bât.
Qualités Fort et résistant.
Caractère Docile mais énergique.
Morphologie Type médioligne. Hauteur au garrot: 1,45-1,54 m. Robe: bai, bai sombre, gris, alezan. Tête petite et bien conformée, profil rectiligne, oreilles pointues, œil vif. Encolure longue et bien dessinée; garrot relevé, ligne dorso-lombaire longue et droite, croupe légèrement oblique, thorax bien développé, épaule correctement inclinée. Membres plutôt courts mais solides et musclés, articulations et tendons secs, sabot dur et bien fait.
Histoire Il descend de l'ancien Cheval Kirghize élevé par les tribus nomades. La race, dont les origines remontent de 1930 à 1940, a été créée par des croisements avec le Pur-Sang Anglais, puis avec le Cheval du Don et, encore plus tard, avec le demi-sang Anglo-Don, croisements qui permirent de fixer définitivement les caractères de la race. Originaire des montagnes situées aux confins de l'Asie centrale soviétique et de la Chine, le Kirghize s'adapte à merveille aux terrains rugueux et irréguliers.

---

58 CHEVAL DE SELLE UKRAINIEN

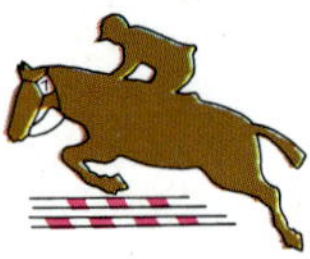

Race Cheval de Selle Ukrainien (Ukrainian Riding Horse).
Origine Union soviétique (Ukraine).
Aptitudes Selle, trait léger, travaux agricoles.
Qualités Bon sauteur.
Caractère Équilibré.
Morphologie Type médio-longiligne. Hauteur au garrot: 1,64 m environ chez le mâle, 1,55 m chez la femelle. Robe: alezan, bai, noir. Tête assez grande, profil rectiligne, oreilles proportionnées et droites, œil vif, naseaux larges. Encolure longue et musclée; garrot haut, ligne dorso-lombaire un peu ensellée, croupe longue et légèrement oblique, thorax profond, épaule longue et inclinée. Membres résistants, articulations larges, avant-bras long, pied bien fait.
Histoire La race, dont les origines remontent aux années qui suivirent la Seconde Guerre mondiale, procède du croisement d'étalons Trakehner, Hanovriens et Pur-Sang Anglais avec des juments locales ou de race Nonius, Furioso-North Star et Gidran d'origine hongroise. Par la suite, on eut recours aux seuls étalons Pur-Sang Anglais et Hanovriens ou demi-sang dérivés de ces races. Les poulains, à l'âge de 18 mois, sont soumis à des épreuves fonctionnelles de sélection (courses de galop, cross-country et concours de saut ou de dressage), tandis que les meilleurs sont destinés à la reproduction dans les élevages d'État. Bon cheval sportif, apte au trait léger, ce sujet s'adapte aux travaux agricoles les plus modestes, mais non les moins utiles.

59 TEREK

Race Terek (Tersky, Tersk).
Origine Union soviétique (Stavropol).
Aptitudes Selle, trait léger.
Qualités Bon sauteur.
Caractère Docile et intelligent.
Morphologie Type médio-longiligne. Hauteur au garrot : 1,50-1,54 m, la taille des femelles pouvant descendre en dessous de 1,45 m. Robe toujours grise. Tête proportionnée, profil rectiligne ou légèrement camus, oreilles de grandeur moyenne, pointues et mobiles, œil grand et vif. Encolure de longueur moyenne, bien sculptée; garrot proéminent, ligne dorso-lombaire droite et pas trop allongée, croupe plutôt horizontale, queue attachée haut; thorax ample et profond, épaule longue et inclinée. Membres bien structurés et musclés, articulations et tendons secs, pied bien fait.
Histoire La race descend de l'ancien Cheval du Tersk utilisé par les cosaques, déjà amélioré au XIXe siècle par le comte Strovanov grâce à l'introduction de sang de Kabardin il fut ensuite perfectionné par le comte Boudienny, qui eut également recours au Cheval du Don, à l'Arabe et au Pur-Sang Anglais. Créée à des fins militaires et officialisée en 1948, la race s'est spécialisée de plus en plus dans les sports équestres. Apte au saut, le Terek se comporte brillamment dans les concours hippiques, les compétitions de cross-country et le dressage. Les élevages se répartissent dans les centres de Stavropol et de Tersk.

---

60 KARABAIR

Race Karabair.
Origine Union soviétique (Ouzbékistan).
Répartition géographique Union soviétique (Ouzbékistan).
Aptitudes Selle, bât, trait léger.
Qualités Vigoureux, agile et résistant.
Caractère Sensible et patient.
Morphologie Type médio-ligne. Hauteur au garrot : 1,47-1,52 m, la femelle pouvant descendre jusqu'à 1,44 m. Robe : gris, alezan, bai, plus rarement bai sombre et noir. Tête petite mais avec ganaches un peu prononcées, profil rectiligne, oreilles longues et écartées, œil grand et vif, naseaux larges. Encolure musclée, de bonne longueur; garrot relevé, ligne dorso-lombaire droite, pas trop longue; croupe musclée et oblique, thorax ample et profond, épaule inclinée et musclée. Membres solides et bien conformés, articulations larges, tendons résistants, pied petit, ongle dur.
Histoire Race ancienne dont les formes témoignent à l'évidence de son ascendance Arabe. On en élève trois versions de taille quasiment identique : l'une, plus lourde, pour la selle, le trait léger et le bât; une deuxième, plus légère, pour la selle; une troisième, caractérisée par des formes plus allongées, adaptées au trait. Résistant au froid et à la fatigue, le Karabair est bien acclimaté aux régions montagneuses, où il évolue habilement sur les sentiers les plus difficiles et escarpés. Ses qualités lui valent d'être employé à l'amélioration d'autres races, de même qu'il a contribué à la formation du Cheval du Don.

61 KABARDIN

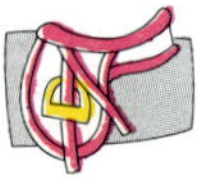

Race Kabardin.
Origine Union soviétique (Caucase).
Répartition géographique Union soviétique.
Aptitudes Selle et bât.
Qualités Sobre, agile, fort et résistant, longévité.
Caractère Tranquille et sensible mais énergique.
Morphologie Type médioligne. Hauteur au garrot : 1,45-1,54 m. Robe : bai, bai sombre, noir, gris. Tête proportionnée, avec ganaches un peu prononcées, profil rectiligne et parfois moutonné, oreilles longues avec la pointe tournée vers l'intérieur. Encolure assez longue et musclée, crinière flottante; garrot pas très long mais haut, ligne dorso-lombaire droite, dos et reins courts, croupe oblique, queue riche mais attachée bas, thorax ample et profond, épaule plutôt droite mais musclée. Membres solides, articulations sèches, tendons bien détachés, sabot bien fait.
Histoire La race, dont les origines remontent certainement à l'Arabe et au Turkmène, auxquels elle doit ses caractéristiques très orientales, est originaire des montagnes du nord du Caucase. Doté d'un sens de l'orientation exceptionnel, le Kabardin est le cheval idéal des terrains montagneux, difficiles et escarpés. Transplanté hors de son milieu, il est utilisé pour le sport équestre où il excelle. Le Kabardin a été employé autrefois pour améliorer d'autres races, notamment le Terek.

---

62 KARABAKH

Race Karabakh (Karabagh).
Origine Union soviétique (Azerbaïdjan).
Aptitudes Selle et bât.
Qualités Fort et résistant.
Caractère Tranquille mais énergique.
Morphologie Type médioligne de petite taille. Hauteur au garrot : 1,43-1,45 m. Robe : isabelle soutenu avec raies de mulet, alezan, bai gris, avec éventuelle liste, crinière et queue plus foncées. Tête petite et bien attachée, profil rectiligne, œil expressif, naseaux larges, bout du nez fin. Encolure longue et bien conformée, garrot relevé, ligne dorso-lombaire longue et droite, flancs bien dessinés, croupe oblique, queue attachée un peu bas, thorax profond, épaule inclinée mais un peu plate. Membres solides et musclés, bonne ossature, articulations sèches, tendons bien détachés, pied bien conformé, ongle résistant.
Histoire Cheval très ancien, d'ascendance nettement orientale, qui semble avoir reçu des apports importants d'Arabe, de Persan ou de Turkmène. Le berceau de la race est représenté par les montagnes qui séparent l'Azerbaïdjan du nord-ouest de l'Iran. Ce cheval de montagne réputé pour la sûreté de son pas ne craint pas les terrains difficiles. Ses formes harmonieuses et son port racé lui ont valu d'être utilisé pour l'amélioration d'autres races, dont le Cheval du Don.

63 LOKAÏ

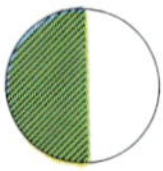

Race Lokaï.
Origine Union soviétique (Tadjikistan).
Répartition géographique Union soviétique.
Aptitudes Selle et bât.
Qualités Agile et résistant.
Caractère Docile et coopératif.
Morphologie Type médioligne. Hauteur au garrot: 1,42-1,47 m. Robe: alezan (avec splendides reflets dorés), bai ou gris, rarement noir et isabelle. Tête proportionnée et bien attachée, profil rectiligne ou légèrement moutonné, oreilles petites, œil vif. Encolure assez longue et bien conformée; garrot assez haut, ligne dorso-lombaire courte et droite, croupe oblique, queue attachée assez bas, thorax ample et profond, épaule inclinée et musclée. Membres solides, musclés, bonne ossature, articulations sèches, tendons bien détachés, paturon de bonne longueur et correctement incliné, pied bien fait, ongle dur.
Histoire Sa formation, qui date du XVIe siècle, est le résultat du croisement de races des plus disparates, Iomud, Karabair et Arabe, qui ont influé sur certaines souches autochtones; ses formes et son port ne trahissent pas toujours ses nobles origines. Dans la région montagneuse du Tadjikistan, berceau de la race, le Lokaï peut déployer ses brillantes qualités de montagnard. Transplanté hors de son milieu, il se révèle un excellent cheval de selle, apte également aux sports équestres.

---

64 TORIK

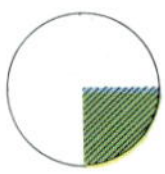

Race Torik.
Origine Union soviétique (Estonie).
Aptitudes Travaux agricoles, trait léger et moyen-léger.
Qualités Résistant et coopératif.
Caractère Tranquille et patient.
Morphologie Type médioligne. Hauteur au garrot: 1,52-1,55 m. Robe: alezan, bai sombre et gris, éventuelles balzanes. Tête de longueur moyenne et bien attachée, avec ganaches prononcées, profil rectiligne, oreilles plutôt longues. Encolure assez longue et musclée, garrot bas, ligne dorso-lombaire parfois légèrement ensellée, dos court, large et musclé, reins forts, croupe légèrement oblique, queue bien attachée, thorax ample et profond, côtes arrondies, épaule inclinée mais très musclée et plutôt massive. Membres courts et solides, articulations larges et sèches, canon et paturon courts, tendons résistants, pied de grandeur moyenne, doté d'un ongle blanc.
Histoire Cette race, de formation récente, a été élaborée au XIXe siècle à partir de races diverses, Arabe, Ardennais, Hackney, Frison Oriental, Hanovrien, Orlov et Pur-Sang Anglais croisés avec le Klepper, ancien cheval de trait indigène mâtiné d'Arabe et d'Ardennais, d'où son autre nom de Klepper ou double Klepper. L'élégance de ce cheval reflète ses nobles origines. Le Torik est un animal de trait et de selle, qui convient aux travaux agricoles.

65 CHEVAL LETTON

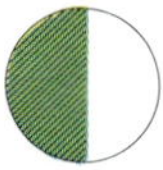

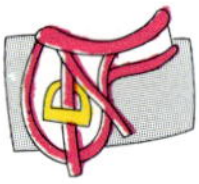

Race Letton (Latvian Harness Horse).
Origine Union soviétique (Lettonie).
Aptitudes Selle, travaux agricoles, trait léger et trait lourd.
Qualités Fort et résistant.
Caractère Docile et tranquille.
Morphologie Type médioligne. Hauteur au garrot : 1,54-1,62 m. Robe : gris, alezan, bai et bai sombre. Tête plutôt grande, profil rectiligne avec toupet abondant, oreilles petites, œil doux. Encolure longue et musclée, ornée d'une crinière flottante; garrot assez relevé, ligne dorso-lombaire droite, croupe longue et légèrement oblique, queue longue et fournie, thorax ample et profond, épaule longue et inclinée. Membres plutôt courts mais solides et musclés, articulations larges et résistantes, fanon assez touffu sur la face postérieure du canon, pied bien fait.
Histoire Ses origines très anciennes remontent probablement à l'époque préhistorique; sa ressemblance avec le Suédois du Nord et le Döle Gudbrandstal donnerait en effet à penser qu'il descend de la même souche primitive que les races de trait lourd du nord de l'Europe. Dès le XVIIe siècle, la race a été soumise à de nombreux croisements avec des races de selle allemandes, avec l'Arabe et, plus récemment, avec le Pur-Sang Anglais, avant d'être définitivement fixée en 1952. Cet animal très polyvalent est élevé, outre dans le type standard, dans deux autres versions : l'une, plus légère, qui rappelle le Latvian Riding Horse et l'autre, plus lourde, adaptée au trait lourd.

---

66 KUSTANAIR

Race Kustanair.
Origine Union soviétique (Kazakhstan).
Répartition géographique Union soviétique (Kazakhstan).
Aptitudes Selle et trait léger.
Qualités Polyvalent, fort et résistant, sobre.
Caractère Tranquille mais énergique.
Morphologie Type médioligne. Hauteur au garrot : 1,52-1,54 m. Robe : bai, bai sombre, noir, alezan, gris, rouan. Tête plutôt légère, profil rectiligne, front large, œil petit, canal de la mâchoire inférieure bien ouvert. Queue de longueur moyenne et musclée; garrot assez relevé et musclé, ligne dorso-lombaire longue et droite, croupe oblique, thorax ample et profond, épaule longue et inclinée. Membres longs et musclés, bonne ossature, articulations sèches, sabot bien fait.
Histoire Cette ancienne race, d'origine nettement orientale, est élevée dans deux variétés : l'une plus légère et racée, améliorée par croisement avec le Pur-Sang Anglais; l'autre plus solide, obtenue par l'apport de sang Orlov et du Cheval du Don.

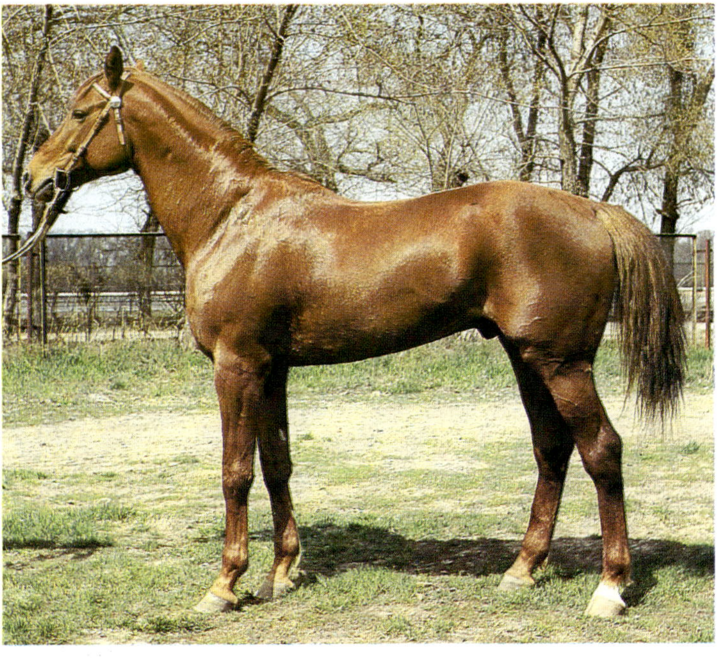

67 KARACABEY

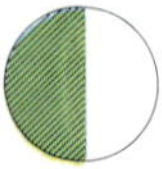
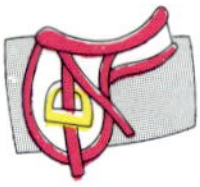
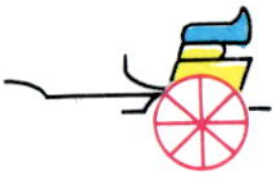

Race Karacabey.
Origine Turquie.
Répartition géographique Turquie.
Aptitudes Selle, bât, trait moyen-léger, travaux agricoles.
Qualités Résistant et polyvalent.
Caractère Coopératif et équilibré.
Morphologie Type médioligne. Hauteur au garrot : 1,55-1,64 m. Robe : bai, bai sombre, noir, gris, rouan, alezan, avec une vaste gamme de possibilités. Tête proportionnée, profil rectiligne, oreilles droites, œil vif. Encolure proportionnée et légèrement rouée; garrot assez relevé, ligne dorso-lombaire droite, croupe musclée et arrondie, queue bien attachée, thorax ample et profond, épaule inclinée. Membres solides et résistants, bonne ossature et bonnes articulations, tendons bien détachés et secs, pied bien fait doté d'un ongle résistant.
Histoire La race a été créée au début du siècle par croisement de juments autochtones avec des étalons de race Nonius. Le Karacabey est un beau cheval, polyvalent, jadis utilisé par la cavalerie turque. C'est l'unique race turque qui présente un type relativement uniforme.

---

68 MORGAN

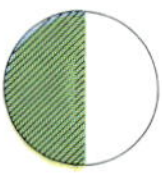

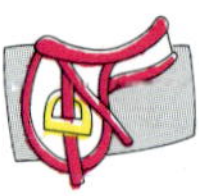

Race Morgan.
Origine États-Unis.
Aptitudes Selle, trait léger.
Qualités Polyvalent, rapide et résistant.
Caractère Docile mais énergique.
Morphologie Type médioligne, aux formes ramassées et élégantes. Hauteur au garrot : 1,42-1,54 m. Poids : 400-500 kg. Robe : bai, alezan, noir, avec fréquentes marques blanches. Tête de grandeur moyenne, profil rectiligne, oreilles petites et pointues, yeux bien écartés et expressifs, naseaux larges. Encolure de longueur moyenne, musclée et rouée; garrot bien dessiné mais pas trop haut, dos court et large, reins forts, croupe plutôt longue et arrondie, queue bien attachée. Thorax ample et profond, épaule longue, inclinée et musclée. Membres solides, bonne ossature, avant-bras long et musclé, canon court, tendons bien détachés, paturon de longueur moyenne et pas trop incliné, sabot proportionné.
Histoire Le chef de lignée est *Morgan*, un cheval bai de petite taille (à peine 1,42 m), né en 1790 dans le Massachussetts, d'un Pur-Sang Anglais et d'une jument mâtinée de sang divers (Arabe, Welsh Cob, Harddraver et Fjording). Il doit son nom à T.J. Morgan, auquel il fut cédé pour honorer une dette. À la mort de ce dernier, le cheval finit entre les mains d'un agriculteur qui le destina aux courses de trot, où il se révéla imbattable. Mais c'est surtout comme « améliorateur » que le Morgan conquit sa renommée : il contribua ainsi à l'élaboration du Trotteur Américain, le Standardbred.

69 QUARTER HORSE

Race Quarter Horse.
Origine États-Unis.
Répartition géographique S'étend, au-delà du continent américain, à quelques pays européens.
Aptitudes Selle, courses de galop sur courtes distances.
Qualités Agile, rapide et doué d'une bonne détente.
Caractère Docile mais vif et énergique; doté d'un grand équilibre psychique.
Morphologie Cheval solide aux formes puissantes, de type longiligne, de taille moyenne. Hauteur au garrot : 1,45-1,63 m. Poids : 425-550 kg. La gamme des robes est extrêmement variée, présentant parfois certaines particularités : alezan (*sorrel*), alezan brûlé (*chestnut*), alezan doré (*red dun*), chamois (*dun*), peau de chamois (*bucskin*), palomino, bai sombre, noir, gris, gris souris, rouan foncé (*blue roan*), rouan vineux (*red roan*). Tête courte et large, profil rectiligne, front large et oreilles de longueur moyenne, écartées et droites; œil grand reflétant son caractère tranquille mais vif. Encolure musclée et bien conformée, légèrement rouée; garrot bien dessiné et modérément haut, ligne dorso-lombaire courte et droite; croupe longue, musclée et arrondie, descendant doucement jusqu'aux hanches et à l'attache de la queue, celle-ci légèrement basse; thorax ample et profond, épaule longue et inclinée, musclée. Membres solides et bien conformés, articulations larges et sèches, cuisse très musclée, canon court, tendons secs et bien détachés, paturon de longueur moyenne et plutôt droit, pied bien fait, sabot résistant.
Histoire La race remonte au XVIIe siècle, lorsque les premiers colons de Virginie et de Caroline, qui organisaient des courses dans la rue principale de leur localité, entreprirent de créer un cheval vif et rapide, possédant une grande capacité de détente et d'accélération, et qui conviendrait à divers usages, par exemple, comme monture des gardiens de troupeaux sur les plantations. Ainsi se constitua, au fil des ans, un type de cheval, croisement de sujets Andalous et de Pur-Sang importés d'Angleterre dotés des caractéristiques du Pur-Sang Anglais sans en avoir cependant le titre, car la race n'avait pas été encore officialisée. Ce cheval, parfaitement habitué à courir sur le quart de mile, est appelé Quarter Horse ou Quarter Mile. Le Quarter Horse a acquis une fantastique capacité d'accélération qui en fait le cheval idéal des épreuves de ranch, de rodéo, de chasse, voire de saut. Il est sans égal dans les courses de galop sur de très courtes distances (274 à 800 m). Le stud-book de la race est tenu actuellement par l'American Quarter Horse Association, dont le siège se trouve à Amarillo, au Texas.

70 TROTTEUR AMÉRICAIN

Race Trotteur Américain (Standardbred).
Origine États-Unis.
Répartition géographique États-Unis, Canada, Europe, Nouvelle-Zélande, Australie.
Aptitudes Courses de trot, courses de trot amblé.
Qualités Vitesse.
Caractère Coopératif et combatif.
Morphologie Type longiligne. Hauteur au garrot: 1,45-1,65 m. Poids: 360-530 kg. Robe: bai (le plus souvent), bai sombre, noir, alezan, plus rarement gris et rouan. Tête pas trop petite, profil rectiligne ou légèrement convexe, ganaches un peu prononcées, oreilles longues, œil vif et expressif. Encolure assez longue et musclée, bien attachée; garrot proéminent et musclé, ligne dorso-lombaire droite et longue, reins courts, larges et musclés, croupe longue, large et oblique; thorax ample et profond, ventre assez rentré, épaule musclée, longue et inclinée. Membres résistants, articulations larges et sèches, cuisse musclée, avant-bras long, canon pas trop allongé, tendons robustes et bien détachés, paturon long, pied bien fait, ongle résistant. Peau fine.
Histoire La race, plus correctement appelée Standardbred, se subdivise en trotteurs normaux (*trotters*) et ambleurs (*pacers*). Il existe en effet aux États-Unis des courses au trot amblé, réservées aux ambleurs, qui rencontrent actuellement un succès de plus en plus grand auprès du public. Cette vogue a conduit à orienter dans ce sens le développement de la race. Le chef de lignée du Trotteur Américain est l'étalon gris Pur-Sang Anglais *Messenger* (1780), importé aux États-Unis à l'âge de 8 ans. Directement ou par l'intermédiaire de sa descendance, il a influencé un lot important, déjà sélectionné, de juments de trot et d'amble, d'origines diverses. *Messenger* descendait en droite ligne, par son père, du *Sampson* qui joua un rôle déterminant dans la formation des races de trotteurs (notamment Français), transmettant à sa descendance son aptitude au trot. De *Messenger* descend, à la troisième génération, *Hambletonian 10*, dont procèdent en lignée mâle tous les Trotteurs Américains actuels: en effet, les autres dynasties qui ont concouru à la création de la race, celle des *Mambrino* (issue aussi de *Messenger*), celles des *Clay* et des *Morgan* (issues de *Justin Morgan*) n'avaient pas réussi à s'assurer une descendance en lignée mâle. Un autre étalon contribua à la formation de la race: le bai *Norfolk Bellfounder* (1817) importé en Amérique à l'âge de 5 ans. Sur les 1 300 fils engendrés par *Hambletonian 10*, 3 seulement ont eu l'honneur de perpétuer les quatre lignées actuelles de reproducteurs: le bai *Happy Medium* (1863), dont descend la lignée de *Peter the Great*; le bai sombre *Electioneer*, qui engendra la lignée de *Bingen*; le bai sombre *George Wilkes* (1856), dont procèdent les lignées de *Axworthy* et de *McKinney*. Le Trotteur Américain se caractérise par sa remarquable capacité de détente, due à une sélection draconienne fondée principalement sur des épreuves de courte distance (mile). Le record des trotteurs est détenu par le bai *Prakas* (1982) qui, à 3 ans, a couvert le mile en 1'10"50 (record mondial absolu). Le record mondial pour les ambleurs est détenu par *Niatross* (1977) avec 1'49"20 sur le mile, établi en 1980 mais dans un trial.

71 PINTO

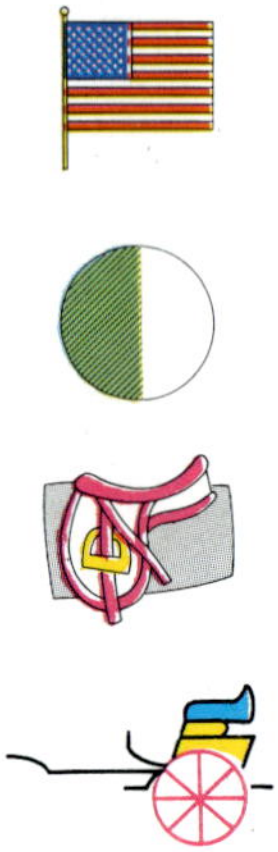

Race Pinto.
Origine États-Unis.
Répartition géographique Amérique et Europe.
Aptitudes Selle et trait léger.
Qualités Robuste.
Caractère Docile et tranquille.
Morphologie Type médioligne. Hauteur au garrot: 1,45-1,55 m. Robe pie, en fonction de laquelle on distingue deux types: l'un aux taches blanches sur fond d'une autre couleur, l'autre à fond blanc avec des taches de couleur différente. C'est un animal solidement bâti, aux formes ramassées mais encore mal définies.
Histoire Il descend des chevaux pris par les Peaux-Rouges aux conquistadores espagnols et dont certains étaient des chevaux pie. En 1963, l'American Paint Horse Association établit le stud-book, qui enregistre les chevaux dont au moins l'un des parents est inscrit, l'autre ne pouvant être qu'un Quarter Horse ou un Pur-Sang Anglais. Les étalons *Sheik* et *Sun Cloud* sont considérés comme les chefs de lignée de la race. La robe d'origine semble être à dominante « tobiano ».

---

72 APPALOOSA

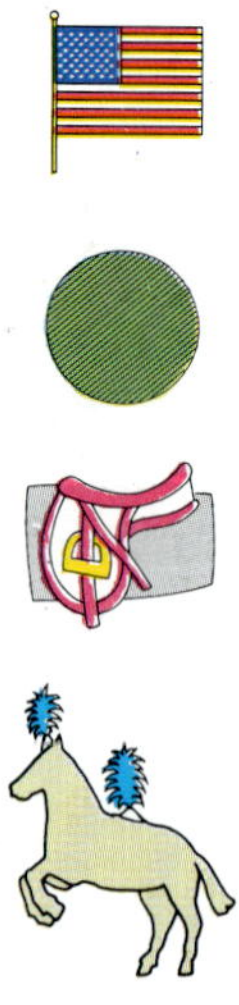

Race Appaloosa.
Origine États-Unis.
Répartition géographique Amérique et Europe.
Aptitudes Selle.
Qualités Agile et résistant.
Caractère Docile et tranquille mais vif.
Morphologie Type médioligne. Hauteur au garrot: 1,45-1,55 m. Poids: 400-580 kg. La robe présente six types caractéristiques: flocon de neige, léopard, jaspé, givre, couverture tachée, couverture blanche. Tête petite et bien attachée, profil rectiligne, oreilles pointues, œil grand (avec sclérotique très apparente). Encolure longue et musclée, ornée d'une crinière courte et clairsemée; garrot modérément élevé, ligne dorso-lombaire courte et droite, croupe musclée et arrondie, queue courte aux crins rares et à franges irrégulières (palmée); thorax profond, épaule longue et inclinée. Membres solides et musclés, ossature bien développée et sabot caractérisé par des stries verticales blanches et noires; peau présentant des régions plus ou moins grandes gris-rose.
Histoire Descendant des chevaux introduits au XVIe siècle par les conquérants espagnols, il a été créé par les tribus des Indiens Nez-Percés, près de Palouse River, d'où il tira son nom. Les Blancs en poursuivirent la sélection, qui aboutit en 1938 à la stabilisation de la race. L'Appaloosa se caractérise par sa robe curieusement tachetée; toutefois, les poulains naissent sans les taches, qui n'apparaissent que plus tard et sont toujours d'une autre couleur que celle des parents.

73 PALOMINO

Race Palomino.
Origine États-Unis.
Aptitudes Selle.
Qualités Maniable, bon sauteur.
Caractère Docile et tranquille.
Morphologie Type médioligne. Hauteur au garrot: 1,43 m-1,62 m. Poids: 500-520 kg. Robes caractéristiques: palomino, alezan ou isabelle doré, très brillants; marques admises seulement sur le visage (en-tête en étoile ou liste) et aux extrémités des membres; toupet, crinière et queue doivent apparaître dans une nuance plus claire ou plus foncée que la robe (ivoire, argent, blond), avec moins de 15 p. cent de crins noirs. Tête petite et bien attachée, profil rectiligne, oreilles petites, œil foncé ou noisette. Encolure assez longue et bien conformée, ornée d'une splendide crinière; garrot modérément relevé, ligne dorso-lombaire droite, croupe arrondie, queue bien attachée et abondante, thorax profond et assez ample, épaule longue et inclinée. Membres musclés, bonne ossature, tendons bien détachés, sabot bien fait; peau fine et sombre.
Histoire L'absence de caractères uniformes a empêché jusqu'à maintenant la stabilisation de la race, dont le seul trait distinctif est la robe, curieusement tachetée; mais il s'agit là d'une caractéristique qui ne se transmet pas toujours avec constance. Toujours est-il que ce cheval est particulièrement apprécié aux États-Unis, alors qu'en Grande-Bretagne il est élevé dans la version poney.

---

74 ALBINOS

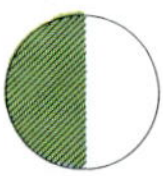

Race Albinos (Crème Américain).
Origine États-Unis.
Répartition géographique Amérique.
Aptitudes Selle.
Qualités Dispositions pour l'apprentissage d'exercices.
Caractère Très docile.
Morphologie Type médioligne. Hauteur au garrot: 1,54 environ. Poids: 500-520 kg. Robes caractéristiques: blanc et crème, selon quatre combinaisons: blanc ivoire, avec crinière blanche (plus claire que le corps), œil bleu et peau rose; corps crème, avec crinière plus foncée, peau couleur cannelle et œil foncé; corps et crinière de la même couleur crème pâle, avec œil bleu et peau rose; corps et crinière de la même couleur crème, avec œil bleu et peau rose. Ce cheval peut présenter également une structure variée, rappelant de temps à autre le Quarter Horse, le Morgan, le Pur-Sang Anglais ou l'Arabe.
Histoire Le chef de lignée de la « race » (Nebraska, 1937) est l'étalon *Old King*, de père Arabe et de mère Morgan. Les caractères morphologiques n'étant pas encore consolidés, on ne peut parler de véritable race. L'Albinos est un animal de selle et de sport, dont l'emploi est limité aux scènes de film et aux exhibitions sur les pistes de cirques équestres. En 1970 a été introduite la distinction entre l'Albinos (blanc) et le Crème, tous les Albinos ne présentant pas une robe parfaitement blanche due à une absence totale de pigmentation. L'American Albinos Club Horse a pris le nom de American White Horse Club, et la race est actuellement baptisée Crème Américain.

75 CHEVAL DE SELLE AMÉRICAIN

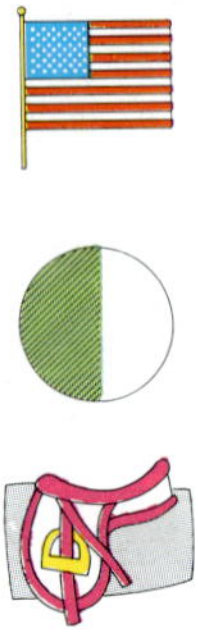

Race Cheval de Selle Américain (Saddle Horse, Kentucky Saddlebred).
Origine États-Unis (Kentucky).
Répartition géographique États-Unis.
Aptitudes Selle et trait léger.
Qualités Fort et résistant.
Caractère Docile mais énergique.
Morphologie Type médio-longiligne. Hauteur au garrot : 1,52-1,62 m. Poids : 450-540 kg. Robe : bai, noir, alezan, gris, rarement rouan. Tête petite, profil rectiligne ou légèrement moutonné, oreilles pointues, œil grand, naseaux larges. Encolure longue, rouée et musclée. Garrot proéminent, ligne dorso-lombaire droite et plutôt longue, croupe horizontale, queue bien attachée et portée droite (myotomie ou névrotomie); thorax ample et profond, épaule longue, inclinée et musclée. Membres longs et fins, bonne ossature et bonnes articulations, tendons bien détachés, paturon long et incliné, sabot petit et solide avec talon bien ouvert; aplombs peu corrects, avec antérieurs jetés en avant et postérieurs droits sur les jarrets.
Histoire Le Saddle Horse, le Cheval de Selle Américain, encore appelé Kentucky de Selle, fut créé par croisement du Pur-Sang Anglais, du Morgan, de l'ambleur Narragansett et probablement du Hackney, pour remplir une double fonction. Il possède trois ou cinq allures, selon le type de dressage : le « threegaited » pratique trois allures (pas, trot et carter, ou petit galop); le « fivegaited » ajoute aux précédentes le « slow gait » ou « stepping pace », sorte d'amble rompu à quatre temps, et le « rack », un « slow gait » accéléré.

---

76 MISSOURI FOX TROTTING HORSE

Race Missouri Fox Trotting Horse.
Origine États-Unis (Missouri et Arkansas).
Aptitudes Selle.
Qualités Allures typiques.
Caractère Tranquille mais énergique.
Morphologie Type médioligne. Hauteur au garrot : 1,42-1,62 m. Robe : alezan, bai, noir, gris ou tacheté. Tête proportionnée, profil rectiligne, oreilles pointues, œil grand et vif. Encolure proportionnée et bien conformée; garrot relevé, ligne dorso-lombaire droite et courte, flancs pleins, croupe musclée et arrondie, queue bien attachée, poitrine large et musclée, thorax ample et profond, épaule inclinée et musclée. Membres solides, sabot bien fait et proportionné à la taille du sujet; aplombs corrects.
Histoire La race, bien qu'élevée au début du XIXe siècle au Missouri et en Arkansas, ne présente pas encore de caractères bien définis et constants. Sa principale caractéristique réside dans son allure typique à quatre temps, le « fox trot », où le cheval galope avec les antérieurs et trotte ou va au pas avec les postérieurs. Le mouvement des membres, scandé par les battues, s'accompagne d'un balancement de la tête qui produit souvent un bruit rythmique, dû au contact des dents supérieures avec les inférieures. Par son action sûre et régulière, qui lui permet de parcourir de longues distances à une vitesse moyenne de 8 à 16 km/h, ce cheval représente depuis toujours la monture idéale des cow-boys.

77 TENNESSEE WALKING HORSE

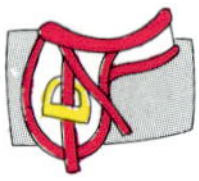

Race Tennessee Walking Horse.
Origine États-Unis.
Aptitudes Selle.
Qualités Allure commode, très spectaculaire.
Caractère Sociable, docile et tranquille mais énergique.
Morphologie Type médioligne. Hauteur au garrot : 1,52-1,62 m. Robe : noir, bai, bai sombre, alezan gris ou rouan. Tête plutôt grande, profil rectiligne, oreilles pointues, œil doux, naseaux larges. Encolure rouée et musclée, large à la base; garrot assez relevé mais pas bien détaché; ligne dorso-lombaire droite, dos plutôt court et fort, reins puissants, croupe musclée et plutôt horizontale, attache de la queue haute, celle-ci étant portée droite (myotomie ou névrotomie). Poitrine large et musclée, thorax ample et profond, épaule musclée, longue et inclinée. Membres solides et musclés, bonne ossature, articulations larges, tendons bien détachés, sabot proportionné et résistant.
Histoire Officialisée en 1935, la race est issue de l'étalon *Black Allan* (1886) dans lequel coulait du sang de Morgan et de Hambletonian. Le croisement du fils de celui-ci, l'étalon *Roan Allan,* avec le Pur-Sang Anglais, le Trotteur Américain, le Cheval de Selle Américain et les ambleurs canadiens et américains a conduit à l'actuel Tennessee Walking Horse, à l'allure commode et rapide. Cette allure (*running walk*) est si ample que les postérieurs vont se poser sur l'empreinte des antérieurs.

---

78 MUSTANG

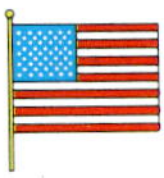
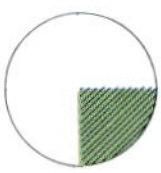

Race Mustang (Mustang Espagnol).
Origine États-Unis (Californie).
Répartition géographique Mexique et Californie.
Aptitudes Selle.
Qualités Fort et résistant.
Caractère Courageux mais indépendant et intraitable.
Morphologie Type médioligne. Hauteur au garrot : 1,42-1,52 m. Robe très variée, fréquemment isabelle, louvet et souris. Le Mustang ne présente pas un type très uniforme pour des raisons liées à l'environnement et aux conditions de vie. Tête généralement assez lourde, encolure robuste, garrot bas, ligne dorso-lombaire courte, croupe arrondie, thorax ample, épaule droite, membres solides.
Histoire Il descend des chevaux introduits au Nouveau-Monde par les conquérants espagnols. Certains de ces animaux s'enfuirent et constituèrent des hordes, proliférant par la sélection naturelle qui donne l'avantage au plus fort et pénalise le plus faible. C'est un exemple typique du cheval retourné à l'état sauvage et qui a développé une extraordinaire résistance, tandis que réapparaissent parfois les robes ancestrales. Il vivait sur les côtes de Californie et du Mexique mais a fait l'objet d'une chasse impitoyable; si bien que, des deux millions et plus de têtes existant au début du siècle, il ne reste que quelques milliers d'exemplaires enfermés dans des ranches et, depuis 1957, contrôlés et enregistrés. Animal de caractère rebelle, le Mustang est la monture idéale dans le rodéo, où il a l'occasion de briller.

79 CHEVAUX SAUVAGES DU WYOMING

Races Chevaux Sauvages du Wyoming.
Origine États-Unis (désert du Wyoming).
Répartition géographique États-Unis (désert du Wyoming).
Aptitudes Vie à l'état sauvage.
Qualités Résistance.
Caractère Indépendant.
Morphologie Type médioligne. Hauteur au garrot: 1,52-1,62 m. Robe très variable, mais à dominante palomino. La structure rappelle celle du Mustang: tête plutôt lourde, encolure robuste, garrot bas, ligne dorso-lombaire courte, croupe arrondie, thorax ample, épaule droite et membres résistants.
Histoire Le Cheval Sauvage du Wyoming a les mêmes origines que le Mustang et, comme ce dernier, devrait plus justement être considéré comme une race retournée à l'état sauvage. Dans ses veines coule du sang Arabe, Berbère, Espagnol et Turcoman, le sang des chevaux que Cortez d'abord, puis les colons européens amenèrent d'Europe sur le continent américain. Les Chevaux Sauvages du Wyoming ont été systématiquement capturés et utilisés pour participer à la formation d'autres races américaines telles que le Palomino et le Pinto.

---

80 CUTTING CANADIEN

Race Cutting Canadien.
Origine Canada.
Répartition géographique Canada.
Aptitudes Selle.
Qualités Agile, rapide, doté de bonne détente.
Caractère Équilibré et actif.
Morphologie Type médioligne. Hauteur au garrot: 1,54-1,64 m. Robe: bai, bai sombre, noir, gris, alezan. Tête proportionnée, profil rectiligne ou légèrement convexe. Encolure proportionnée et bien attachée; garrot peu relevé, ligne dorso-lombaire droite, croupe ample et oblique, poitrine large, thorax développé, épaule large et inclinée. Membres aux articulations sèches, tendons solides, pied bien fait, ongle résistant; aplombs corrects.
Histoire Ce cheval descend du Quarter Horse dont il a hérité la morphologie et le caractère. Il manifeste également un instinct naturel et des aptitudes particulières au travail des gardiens de troupeaux. Pour cette raison, il est habituellement utilisé dans les rodéos, spectacle très populaire au Canada.

81 AZTÈQUE

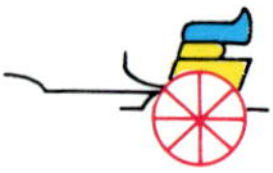
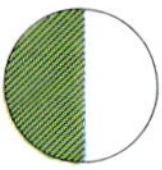

Race Azteca.
Origine Mexique.
Aptitudes Selle, trait léger, travaux agricoles.
Qualités Résistant, rapide, agile.
Caractère Noble, docile, vif, équilibré.
Morphologie Type médioligne aux formes harmonieuses. Hauteur minimum chez la femelle : 1,50 m; chez le mâle : 1,52 m. Toutes les robes sont admises, à l'exclusion des robes pie et tachetées. Tête fine, profil rectiligne ou légèrement convexe, oreilles petites et bien droites, yeux expressifs et bien écartés. Encolure musclée et légèrement rouée, ornée d'une crinière abondante; garrot haut, ligne dorso-lombaire correcte, croupe ample et arrondie, queue bien attachée et flottante, thorax ample et profond (circonférence minimum : 1,80 m), épaule longue et inclinée. Membres musclés, bonnes articulations, canon plutôt long et fin, tendons bien détachés, pied proportionné.
Histoire Cette race très récente a pris le nom du cheval mexicain autochtone (le Criollo Mexicain), aujourd'hui disparu. La sélection a commencé en 1972 par croisement d'étalons Andalous avec des juments Quarter Horse (Quart de Mile) ou entre étalons Andalous et juments de race Criollo améliorée. Il peut présenter de trois huitièmes minimum à cinq huitièmes maximum de sang Espagnol ou Quarter Horse, tandis que l'apport de chevaux Criollo non enregistrés ne doit pas dépasser un quart. L'Aztèque cherche à allier les qualités de l'Andalou et celles du Quarter Horse. Le résultat est un cheval élégant, idéal, tant pour les épreuves sportives que pour les promenades.

---

82 PASO FINO

Race Paso Fino.
Origine Pérou.
Aptitudes Selle.
Qualités Résistant et coopératif.
Caractère Tranquille mais vif.
Morphologie Type médioligne. Hauteur au garrot : 1,42-1,54 m. Robe : toutes les variétés sans exception. Tête proportionnée, profil rectiligne ou camus, oreilles petites et pointues, œil vif, naseaux larges. Encolure forte et musclée, bien conformée; garrot assez relevé, ligne dorso-lombaire courte et droite, dos court, reins forts, croupe arrondie, bonne attache de la queue, thorax ample et profond, épaule correctement inclinée. Membres solides et bien structurés, canon court et sabot résistant.
Histoire Il descend des chevaux introduits au XVIe siècle sur le continent américain par les conquistadores espagnols. Les conditions différentes d'élevage et de milieu auxquelles il a dû s'acclimater, ainsi que les croisements effectués, ont entraîné des modifications de sa structure. Le Paso Fino se distingue par trois allures latérales à quatre temps, entièrement naturelles : le « paso fino », la plus lente des trois, le « paso corto », la plus soutenue et adaptée aux longs parcours, le « paso largo », la plus rapide. Élevée à Porto Rico, en Colombie et au Pérou, la race présente dans ces pays quelques différences de type, celui-ci s'uniformisant progressivement avec le Paso Fino américain élevé aux États-Unis.

83 CRIOLLO

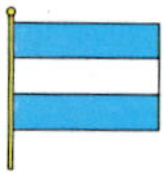

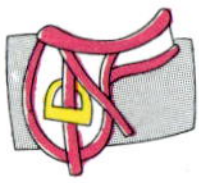

Race Criollo.
Origine Argentine.
Répartition géographique Amérique du Sud.
Aptitudes Selle.
Qualités Résistant, rapide, doté de fond.
Caractère Tenace et coopératif.
Morphologie Type médioligne. Hauteur au garrot : 1,42-1,52 m. Robe très variable : gris, alezan, bai, noir, rouan, souris, isabelle et même pie; fréquentes marques blanches, parfois raie de mulet. Tête plutôt longue, profil rectiligne, front large, oreilles longues et œil vif. Encolure longue et musclée, crinière abondante; garrot proéminent, ligne dorso-lombaire courte et droite, reins forts, croupe arrondie, queue riche et flottante, thorax ample, épaule inclinée et musclée. Membres solides, bonne ossature et musculature, articulations et tendons résistants, paturon long, sabot bien fait et robuste.
Histoire Ses origines remontent au XVIe siècle lorsque Christophe Colomb et les conquérants espagnols introduisirent au Nouveau Monde des chevaux Berbères et Andalous. Un grand nombre de ces chevaux, dérobés par les Peaux-Rouges, s'échappèrent et, retournés à l'état sauvage, proliférèrent, développant leurs qualités de résistance aux maladies, de rusticité et de sobriété. Le Criollo (créole), issu de ces chevaux, est élevé dans plusieurs pays d'Amérique du Sud. Il est la monture classique des gauchos en Argentine, où il développe des caractéristiques morphologiques propres à sa race. Rebelle à la fatigue, il est capable de soutenir des jours d'affilée des marches exténuantes, sans réserves d'eau ni de fourrage. La race, qui avait dégénéré à la fin du XVIIe siècle par l'introduction d'étalons importés d'Europe et des États-Unis et avait perdu ses qualités de sobriété et de résistance aux maladies, a été à nouveau soumise à une sélection draconienne au début du siècle avant d'être admise enfin en 1918 au stud-book. Le Criollo reçoit des appellations diverses selon les pays d'Amérique du Sud où il est élevé : Chileno (chilien) au Chili, cheval issu de l'argentin, mais plus rustique et résistant; en Colombie, il prend le nom de Guajira, celui de la région; au Venezuela, il est appelé Llanero, cheval moins solide et plus léger, au profil convexe; au Pérou, c'est le Salteno, qui se présente en trois versions : le Costeño, caractérisé par son pas « steppant », le Morochuco, élevé dans les Andes, au front parfois bombé et aux petites oreilles; le Chola, à la forme plus trapue. On distingue trois races de Criollos brésiliens : le Crioulo du Rio Grande do Sul, de marque Berbère; le Mangalargo, obtenu par croisement de l'Andalou avec l'Alter-Réal; le Campolino (du nom de son créateur), descendant des chevaux d'origine andalouse et qui présente des canon et paturon plus courts, un thorax plus profond.

84 WALER

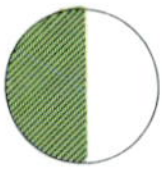

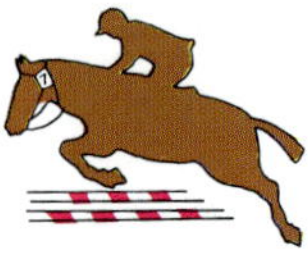

Race Waler (Australian Stock Horse).
Origine Australie.
Aptitudes Selle et trait léger.
Qualités Bon sauteur.
Caractère Docile et courageux.
Morphologie Type médio-longiligne. Hauteur au garrot : 1,47-1,63 m. Robe : bai, bai sombre, noir, gris, rouan. Tête proportionnée, profil rectiligne, oreilles longues, naseaux larges. Encolure longue et bien faite; garrot proéminent, ligne dorso-lombaire allongée et droite, croupe légèrement oblique, thorax ample et profond, épaule plutôt droite mais bien musclée. Membres solides, bonne musculature et articulations résistantes, tendons secs, pied bien fait.
Histoire Le New South Wales est le berceau de la race, issue du croisement d'étalons Arabes, Pur-Sang Anglais et Anglo-Arabes avec des juments d'origines diverses, dont certaines de la race du Cap, la première race introduite en Australie. À partir du xxe siècle, l'apport extérieur fut limité au seul Anglo-Arabe. Le nouveau produit sera utilisé avec succès par les cavaleries australienne et indienne. Depuis 1932, la race a connu un déclin continu, adoptant peu à peu un aspect très différent de son ancêtre. Depuis 1971, elle est enregistrée et contrôlée par une société expressément créée pour améliorer la production de cette version moderne du Waler, définie Australian Stock Horse, employée dans les épreuves de concours hippique, mais aussi dans le jeu de polo.

---

85 BRUMBY

Race Brumby.
Origine Australie.
Aptitudes Vie en liberté.
Qualités Résistant et rustique.
Caractère Rebelle et indépendant.
Morphologie Type médioligne. Hauteur au garrot variable, pouvant dépasser 1,52 m. Robe présentant toutes les variétés. Tête plutôt lourde, encolure courte, ligne dorso-lombaire courte, croupe oblique, épaule droite et membres résistants.
Histoire Il naquit dans la seconde moitié du siècle dernier, lorsque la « fièvre de l'or » entraîna une grave crise de l'élevage chevalin : de nombreux chevaux retournés à l'état sauvage formèrent des troupeaux qui proliférèrent sans aucun frein. Comme dans le cas des autres races redevenues sauvages, la vie en liberté a modifié le physique de ces chevaux et augmenté leur ruse, mais au détriment de l'aspect esthétique, qui retrouva les caractéristiques d'origine : taille plus petite, d'où un régime plus frugal, robes dans un certain sens plus mimétiques, épaule plus droite et donc action moins ample mais rapidité plus grande pour fuir en cas de danger. La multiplication de ces chevaux finissant par créer des problèmes à l'agriculture, il fallut en capturer; l'entreprise se révéla particulièrement ardue, car ils avaient développé une extraordinaire ruse par instinct de conservation, si bien qu'on dut utiliser de petits avions et des engins motorisés. Cette chasse impitoyable conduisit à partir de 1962 à l'extinction quasi totale du Brumby.

CHEVAUX DE TRAIT LOURD

86 BELGE

Race Belge.
Origine Belgique.
Répartition géographique Europe, États-Unis.
Aptitudes Trait lourd lent, travaux agricoles (petit ou moyen).
Qualités Fort et coopératif.
Caractère vif (Petit Belge), tranquille (type intermédiaire), docile et flegmatique (Grand Belge).
Morphologie La race se divise en trois types distincts, tous brévilignes : le Petit Belge ou Belge Ardennais (hauteur au garrot : 1,50-1,60 m chez la femelle, 1,60-1,64 m chez le mâle; poids : 500-600 kg), le Belge Moyen ou Condroz (hauteur au garrot : 1,60-1,65 m; poids 600-800 kg), le Grand Belge ou Brabant (hauteur au garrot : 1,60-1,70 m; poids : 800-1 000 kg). Robe : bai, alezan, rouan (le plus fréquent); chez le Grand Belge, on rencontre aussi l'aubère et le gris. Tête proportionnellement pas très grande mais lourde de ganaches, à tendance carrée, profil rectiligne ou légèrement camus, oreilles et œil petits, toupet abondant. Encolure courte et musclée, à base très large, rouée et bien attachée; garrot bas, large et musclé, dos également large et musclé, parfois un peu ensellé, reins courts et larges, flancs développés, croupe musclée, arrondie et double, poitrine large et musclée; thorax ample et profond, côtes arrondies, ventre développé, épaule longue et inclinée, très musclée. Membres courts et robustes, articulations larges et solides, canon très arrondi, paturon court et poilu, sabot grand mais plat, doté d'un ongle peu résistant.
Histoire Les origines de cette race très ancienne remontent probablement au type de cheval préhistorique de l'époque alluvionnaire, comme en témoignent les restes fossiles découverts dans la région qui s'étend sur la rive droite de la Meuse entre Dinant et Liège. Les trois variétés de la race ont leur berceau dans différentes localités : le Petit Belge dans le nord-ouest de la Belgique, le Moyen Belge à Condroz, le Grand Belge au Brabant. Les caractères de ce dernier (Cheval de Trait Belge) ont été fixés au début du XXe siècle; à sa formation ont concouru trois races aux caractéristiques particulières : le « Gros de la Dendre », musclé et doté de membres solides; le Gris de Nivelle, aux lignes harmonieuses et racées; les Colosses de la Méhaigne, au tempérament énergique. Le Grand Belge se caractérise par sa constitution lymphatique, son caractère doux et obéissant, mais excessivement flegmatique; précoce et d'une grande longévité, fort et coopératif, il est doté d'une action lente mais vigoureuse. Dans le passé, il a été exporté aux États-Unis, où il a donné naissance au Belge Américain de stature plus élevée (1,72-1,90 m). Le Belge Moyen, plus lourd et plus petit que le précédent, a moins d'importance. Le Petit Belge ou Belge Ardennais est originaire des hauts plateaux ardennais, au climat rigoureux et aux maigres pâturages, où il a trempé son caractère et développé des qualités de rusticité et de sobriété. Apprécié par Jules César et par Néron, il a été dès le VIIIe siècle amélioré par l'introduction de sang Arabe; Napoléon lui-même l'utilisait pour son exceptionnelle résistance. Les caractères de la race ont été fixés au XIXe siècle. Le stud-book du Cheval de Trait Belge remonte à 1885, tandis qu'aujourd'hui le Petit Belge a un livre généalogique à lui, tenu par la Société royale pour le Cheval de Trait Ardennais.

87 PERCHERON

Race Percheron.
Origine France.
Répartition géographique France, Grande-Bretagne, États-Unis, Amérique du Sud, Afrique du Sud, Australie, Japon.
Marque À l'encolure, les initiales SP, signe de la Société hippique percheronne.
Aptitudes Trait lourd, trait lourd rapide (petite taille), travaux agricoles.
Qualités Fort et résistant.
Caractère Très tranquille et docile mais énergique.
Morphologie On en distingue deux types : le Petit Percheron (hauteur au garrot : 1,50-1,65 m ; poids : 600-800 kg) et le Gros Percheron (hauteur au garrot : 1,65-1,80 m ; poids : 800-1 000 kg). La robe la plus caractéristique est le gris pommelé, plus rarement le noir et le rouan. Belle tête, relativement petite par rapport à la corpulence et dotée de ganaches prononcées ; profil rectiligne, front large, oreilles proportionnées, œil grand et expressif, naseaux larges. Encolure courte, large et musclée, plutôt rouée, ornée d'une crinière abondante et dans l'ensemble de bonne conformation ; garrot peu relevé, ligne dorso-lombaire parfois ensellée, reins larges et arrondis, croupe également arrondie, ample et musclée (parfois double), poitrine large et musclée, thorax ample, haut et profond, ventre rond, épaule musclée et correctement inclinée. Membres courts et robustes, articulations larges, cuisse longue et musclée, paturon court et rarement poilu, sabot grand pourvu d'un ongle foncé et résistant.
Histoire La race, originaire du Perche, descendrait de l'ancien cheval autochtone qui, selon Samson, procéderait lui-même de l'*Equus caballus sequanus*. L'élégance de la tête du Percheron et le velouté de sa robe témoignent de l'influence orientale dont il a bénéficié à partir du VIIIe siècle, grâce aux chevaux capturés par les Sarrazins après la défaite de Poitiers et à ceux importés par le comte de Perche de retour des Croisades et des expéditions en territoire espagnol. Le Percheron a aussi dans les veines une certaine dose de sang Espagnol provenant d'étalons importés de Castille par le comte de Rotrou. Le « petit » modèle, appelé également Percheron Postier, a pratiquement disparu, tandis que le gros, autrefois affecté au trait des transports urbains et à toutes sortes de gros travaux, a traversé allègrement la révolution moderne dans le secteur des transports et de l'agriculture. Le stud-book de la race remonte à 1883 et regroupe depuis 1966 les sujets appartenant à une série de races locales dérivées du Percheron : le Trait Augeron, le Trait de la Loire, le Trait Berrichon, de la région du Berry, le Trait du Maine, le Gros Trait Nivernais, le Trait de la Saône-et-Loire, le Trait Bourdonnais. Le stud-book de la race, tenu par la Société hippique percheronne, est ouvert depuis 1911 aux seuls sujets dont les parents sont inscrits. Il existe depuis 1878 aux États-Unis la Percheron Society of America, qui a son propre stud-book ; de même, en Grande-Bretagne, où le Percheron fut introduit lors de la Première Guerre mondiale, un stud-book de la race a été institué en 1919 ; mais, dès avant, le Percheron était présent outre-Manche, où des sujets de provenance américaine avaient été importés pour être affectés au trait des omnibus londoniens à la fin du siècle dernier.

88 BOULONNAIS

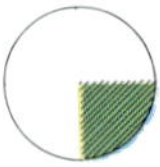

Race Boulonnais.
Origine France (Nord-Ouest).
Marque Ancre marine à l'encolure, sur le côté gauche.
Aptitudes Trait lourd, travaux agricoles, trait lourd rapide.
Qualités Fort et résistant.
Caractère Énergique mais vif.
Morphologie Type bréviligne comprenant deux espèces élevées séparément : le Petit Boulonnais de 1,55-1,60 m de haut et pesant 550-650 kg; le Grand Boulonnais de 1,60-1,70 m de haut et pesant 650-750 kg. Robe : gris, souvent pommelé, rarement bai sombre. Tête petite et carrée, profil rectiligne, front large, oreilles proportionnées, œil grand et vif, naseaux larges. Encolure courte et musclée, large et un peu rouée; garrot large, bas et musclé, ligne dorso-lombaire courte et droite, croupe légèrement oblique, thorax ample et côtes arrondies, épaule musclée. Membres plutôt courts et robustes, articulations larges, cuisse développée, sabot bien fait.
Histoire Selon certains, il aurait pour ancêtres des chevaux numides introduits en France par les Romains. Ces chevaux, déjà mâtinés de sang oriental, furent par la suite améliorés par croisement avec l'Arabe, l'Andalou et le Mecklembourgeois. Selon d'autres, il descendrait des chevaux huns abandonnés par Attila. Importé en Grande-Bretagne en 1066 par Guillaume le Conquérant, il aurait contribué à la création de l'ancienne race Norfolk. Le Petit Boulonnais était affecté au transport du poisson, d'où son nom de « Mareyeur », et la présence de l'ancre dans la marque de la race. Le stud-book remonte à 1886.

---

89 COMTOIS

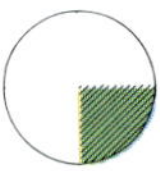

Race Comtois.
Origine France.
Répartition géographique France (Doubs, Jura, Haute-Saône).
Aptitudes Trait lourd et travaux agricoles.
Qualités Fort et résistant, adapté à la montagne.
Caractère Docile, actif et coopératif.
Morphologie Type bréviligne. Hauteur au garrot : 1,45-1,55 m. Poids : 500-600 kg (les étalons adultes pesant jusqu'à 800 kg). Robe : alezan ou bai. Tête carrée, profil rectiligne, front large, toupet abondant, oreilles petites et mobiles. Encolure courte et musclée, ornée d'une abondante crinière; garrot modérément relevé, large et musclé, ligne dorso-lombaire droite, croupe ample et oblique, queue attachée bas, thorax ample et profond, épaule longue et inclinée. Membres poilus aux extrémités, légers par rapport à la corpulence mais résistants, jarret en forme de faux, pied solide.
Histoire Cette race ancienne était déjà élevée au VIe siècle en Franche-Comté, tandis que l'armée l'utilisait au Moyen Âge. Le Comtois descend probablement des chevaux d'origine germanique importés par les Burgondes. Il est élevé dans la région montagneuse qui comprend les départements du Doubs, de la Haute-Saône et du Jura, à la frontière franco-suisse. Le Comtois est doté d'une action brillante, rare chez les races de trait lourd, et d'un pied sûr qui lui permet d'affronter les routes et les sentiers très escarpés.

90 BRETON

Race Breton.
Origine France (Bretagne).
Répartition géographique Europe et Japon.
Marque Marque au fer représentée par une croix surmontant un V renversé (hermine stylisée).
Aptitudes Trait lourd, trait lourd rapide, travaux agricoles.
Qualités Grand fond.
Caractère Énergique et actif.
Morphologie Type bréviligne. Hauteur au garrot : 1,55-1,65 m. Poids : 700-900 kg; mais, dans le passé, il existait trois tailles différentes (Grand, Moyen ou Postier Breton, et Cheval de Corlay). Robe : alezan, mais parfois bai, gris, rouan et aubère. Tête proportionnée avec ganaches lourdes, profil rectiligne ou légèrement camus, front large, oreilles courtes, naseaux larges. Encolure large et musclée, rouée, plutôt courte et bien attachée; garrot large, musclé et peu relevé, ligne dorso-lombaire courte et droite, dos et reins larges, croupe oblique, large et musclée, poitrine large et musclée comme l'épaule longue et inclinée. Membres courts et puissants, articulations larges et solides, avant-bras et jambe musclés, canon parfois fin mais solide, paturon court et poilu, sabot bien fait et robuste.
Histoire Selon les uns, ses origines remonteraient à près de 2000 ans av. J.-C., lors de l'expansion aryenne vers l'Europe. Selon les autres, le Breton descendrait des petits chevaux que les guerriers celtes introduisirent, avant la conquête de la Grande-Bretagne, dans les landes et sur les pentes du massif armoricain, dans le but de retremper le caractère de leurs animaux. Le Moyen Âge fut l'époque de gloire de ce cheval recherché pour son allure commode et dont la vogue était alors au zénith chez les charretiers; à peine haut de 1,40 m, il était en effet doté d'une allure particulière, sorte de moyen terme entre le trot enlevé et l'amble, ce qui lui valut l'appellation de Bidet d'Allure et Bidet Breton. Dans ses veines coulait le sang des chevaux ramenés de Terre Sainte par les Croisés. Plus tard, toujours au Moyen Âge, il existait en Bretagne deux types de chevaux : l'un, plus lourd, dit « Sommier », employé comme animal de bât, l'autre, plus léger, appelé « Roussin », utilisé à la guerre et pour les longs voyages; par la suite, et jusqu'au XIXe siècle, des croisements furent effectués avec d'autres races françaises lourdes, qui, avec l'apport déterminant du trotteur Norfolk et de son héritier le Hackney, donnèrent naissance au Postier Breton, adapté au trait des diligences postales. Actuellement, le Gros Breton, dont l'élaboration est due à l'apport de l'Ardennais, du Percheron et du Boulonnais, a été pratiquement réabsorbé par le type intermédiaire, aujourd'hui connu sous le nom de Breton de Trait Lourd Rapide. Le Cheval de Corlay, apte au service de selle et au trait léger rapide, qui représentait dans le passé le plus léger type de Breton, a pour ainsi dire disparu. Le stud-book de la race, contrôlé par le Syndicat des éleveurs du Cheval Breton, a été institué en 1909 : peuvent s'y inscrire uniquement les sujets nés dans les quatre départements bretons et en Loire-Atlantique. La marque au fer caractéristique est appliquée à l'encolure (côté gauche) des poulains inscrits. Apte aux travaux agricoles, le Breton a été introduit dans le passé en Italie dans la plaine du Pô, les provinces de Vérone, Ferrare, Mantoue et Rovigo. Le Gros Breton a été souvent employé pour l'élaboration ou l'amélioration d'autres races de trait lourd.

91 AUXOIS

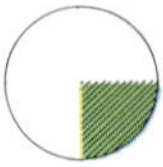

Race Auxois.
Origine France.
Répartition géographique France (Côte-d'Or, Yonne, Saône-et-Loire).
Marque Lettres TX sur le côté gauche de l'encolure.
Aptitudes Trait lourd et travaux agricoles.
Qualités Très fort et résistant.
Caractère Tranquille, bon, coopératif.
Morphologie Type bréviligne. Hauteur au garrot : 1,54-1,62 m. Poids : 750-1 100 kg. Robe : bai ou rouan, parfois alezan et aubère. Tête légère, profil rectiligne, front large, oreilles petites, œil doux. Encolure courte et musclée, plutôt large, garrot peu relevé, ligne dorso-lombaire droite, croupe oblique, queue attachée bas, thorax ample et profond, épaule longue et inclinée. Membres fins par rapport à la corpulence, mais résistants.
Histoire La race, issue de l'ancien Bourguignon originaire précisément de Bourgogne, remonte au moins au Moyen Âge. Le modèle d'origine était de plus petite taille. Au XIXe siècle, la race a subi l'influence du Percheron et du Boulonnais, et plus récemment de l'Ardennais et du Trait du Nord. Très prisé dans le passé pour le trait des carrosses ou des chariots, il fut ensuite moins utilisé. Actuellement, l'Auxois est soumis à des contrôles draconiens, du type comme de la robe, par le Syndicat du Cheval de Trait Ardennais de l'Auxois, chargé de veiller à l'arbre généalogique de l'Auxois, et dont le siège est à Dijon.

---

92 ARDENNAIS

Race Ardennais.
Origine France.
Aptitudes Trait lourd et travaux agricoles.
Qualités Fort et résistant.
Caractère Tranquille mais énergique.
Morphologie Type bréviligne. Hauteur au garrot : 1,52-1,62 m. Poids : 700-1 000 kg. Robe : bai ou rouan, mais également alezan, gris, aubère et isabelle; bai sombre et alezan clair tolérés, tandis que le noir est exclu. Tête et ganaches un peu lourdes, profil rectiligne ou camus, face large, oreilles petites et pointues, œil grand, naseaux larges. Encolure courte et musclée, large à la base; garrot bas, large et musclé, ligne dorso-lombaire courte et droite, dos et reins larges, croupe arrondie, poitrine large, thorax ample et profond, épaule musclée et inclinée. Membres résistants, courts et musclés, poilus, articulations solides, pied large.
Histoire Les origines de l'Ardennais remonteraient au type de cheval décrit par Jules César, à moins qu'il ne descende directement du Cheval de Solutré. Il atteignait, à l'époque romaine, 1,45 m. Avec l'apport de sang oriental sous Napoléon, il développa des qualités de fond et de résistance. Au cours du XIXe siècle, sous l'influence importante du Belge de Trait, il acquit le type actuel. L'Ardennais fut employé à des fins militaires : Napoléon s'en servit ainsi dans la Campagne de Russie. La race a été enregistrée en 1929.

93 TRAIT DU NORD

Race Trait du Nord.
Origine France.
Répartition géographique France (Nord-Est).
Aptitudes Trait lourd et travaux agricoles.
Qualités Fort et rustique.
Caractère Énergique mais tranquille.
Morphologie Type bréviligne. Hauteur au garrot : 1,60-1,65 m. Poids : 600-800 kg. Robe : bai, rouan, aubère. Tête lourde, profil rectiligne, ganaches prononcées, oreilles et œil petits. Encolure musclée, courte et large; garrot large et peu relevé, ligne dorso-lombaire courte et droite, reins larges, croupe ample et musclée, plutôt oblique, thorax ample et profond, ventre développé, épaule musclée, correctement inclinée. Membres courts et forts, musclés, recouverts de crins sous le genou et le jarret, articulations larges, pied bien fait, aplombs corrects.
Histoire La formation de la race est due à l'Ardennais, au Belge de Trait Lourd et au Boulonnais, dont le Trait du Nord a hérité la structure, les caractéristiques et le caractère, avec toutefois une rusticité plus grande. Sa force lui permet de tirer des chariots extrêmement lourds, même dans les montées et descentes les plus escarpées. Le stud-book de la race remonte à 1919. L'aire d'élevage est localisée aux alentours de Lille, dans la région du Pas-de-Calais, de l'Aisne, de la Somme et du département de Seine-et-Marne.

94 CHEVAL DU POITOU

Race Cheval du Poitou.
Origine France.
Aptitudes Trait lourd et travaux agricoles.
Qualités Fort et résistant.
Caractère Lymphatique, équilibré mais peu vif.
Morphologie Type bréviligne. Hauteur au garrot : 1,53-1,73 m. Poids : 700-900 kg. Robe : bai, gris, noir ou isabelle. Tête lourde, profil rectiligne et convexe, toupet abondant, oreilles grandes et épaisses, œil petit et pas très expressif. Encolure courte, large, musclée et ornée d'une abondante crinière; garrot large et musclé, modérément relevé, ligne dorso-lombaire droite, dos large et allongé, reins larges, croupe assez longue et oblique, queue fournie et flottante, thorax profond, ventre plutôt développé, épaule inclinée mais de médiocre conformation. Membres plutôt épais et courts, poilus, articulations larges, canon long, pied large.
Histoire Il descend des chevaux de souches diverses importés des Pays-Bas, de Norvège et du Danemark par les Hollandais qui les affectèrent aux travaux d'assainissement de la région de Poitiers. Croisés avec des juments locales, ces chevaux donnèrent naissance au Cheval du Poitou, race souvent appelée « Mulassière » en raison de son aptitude à produire des mulets. En 1950, le Poitevin fut sur le point de disparaître, mais, grâce à la forte demande étrangère, on observe actuellement des signes de reprise. L'arbre généalogique de la race remonte à 1884.

95 SUFFOLK PUNCH

Race Suffolk Punch.
Origine Grande-Bretagne.
Répartition géographique Europe.
Aptitudes Trait lourd lent.
Qualités Fort, frugal, précoce; grande longévité.
Caractère Tranquille et sociable.
Morphologie Type bréviligne. Hauteur au garrot : 1,60-1,65 m. Poids : 900-1 000 kg. Robe exclusivement alezane, sans marques blanches. Tête courte et bien conformée, profil rectiligne, front large et œil expressif. Encolure courte, large à la base, musclée et rouée; garrot bas et large, ligne dorso-lombaire droite, dos court et large, reins amples et puissants, croupe musclée, ample, longue et arrondie, poitrine ample et musclée, thorax également ample, profond aussi, épaule longue, inclinée et musclée. Membres plutôt courts mais résistants, musclés et sans crins, articulations larges, canon et paturon courts, pied bien fait.
Histoire Ce cheval, originaire du Suffolk, est certainement un descendant du « Great Horse » ». À son élaboration, qui remonte en 1506, ont concouru le Norfolk Trotter et le Norfolk Cob, avec par la suite l'apport probable du Pur-Sang Anglais. La robe alezane viendrait d'un petit étalon trotteur du nom de *Blakes Farmer* (1760). Dans le passé, il était utilisé pour le trait des charrettes de bière et pour les transports urbains, mais il se révèle également utile en agriculture, et, pendant la guerre, il servit pour le trait de pièces d'artillerie.

---

96 CLYDESDALE

Race Clydesdale.
Origine Grande-Bretagne (Écosse, Lanarkshire).
Aptitudes Trait lourd et travaux agricoles.
Qualités Résistant et rustique.
Caractère Tranquille et sociable.
Morphologie Type bréviligne. Hauteur au garrot : 1,63-1,65 m chez la jument; 1,64-1,73 chez le mâle. Poids : 700-1 000 kg. Robe : bai, bai sombre et noir, rarement alezan et rouan. Tête pas très grande, face large, profil fronto-nasal rectiligne ou moutonné, naseaux larges. Encolure assez longue, large à la base, musclée et rouée; garrot proéminent, ligne supérieure un peu ensellée, dos court et reins larges, comme la croupe, musclée et oblique; thorax ample et profond, épaule inclinée et musclée. Membres robustes et recouverts de crins, articulations solides, paturon long, pied rond, pourvu d'un ongle souvent clair mais résistant.
Histoire Un étalon importé des Flandres par un agriculteur du Lanarkshire a joué un rôle décisif dans l'élaboration de la race au XVIIe siècle. Le Clydesdale apparaît officiellement avec son nom à l'exposition de Glasgow en 1826. Les caractères définitifs de la race ont été fixés au XVIIIe siècle grâce à l'apport d'étalons Flamands et Frisons. Après avoir été destiné à l'agriculture et à l'exploitation des mines de charbon, il finit par remplacer comme carrossier le Shire, avec lequel il a souvent été croisé. Le stud-book de la race remonte à 1878.

97 SHIRE

Race Shire.
Origine Grande-Bretagne (Shire).
Aptitudes Trait lourd et travaux agricoles.
Qualités Fort et résistant.
Caractère Docile et généreux.
Morphologie Type bréviligne. Hauteur au garrot : 1,65-1,80 m. Poids : 800-1 000 kg. Robe : bai, bai sombre, noir, alezan et gris, avec fréquentes marques blanches. Tête petite par rapport à la taille, ganaches prononcées, profil plutôt moutonné, front large, oreilles longues, œil grand et proéminent. Encolure assez longue, musclée et rouée, garrot plutôt large et prolongeant harmonieusement la ligne de l'encolure, ligne dorso-lombaire courte, croupe oblique mais pas trop puissante, poitrine large et musclée, thorax ample, épaule longue et inclinée. Membres plutôt courts mais musclés et recouverts de longs crins au-dessous du genou et du jarret, articulations larges, canon plutôt long, paturon court, pied bien fait.
Histoire Il descendrait du « Great Horse », le destrier médiéval employé dans les tournois et dérivé des animaux de trait les plus puissants d'Europe du Nord, avec aussi un apport de sang oriental. Le stud-book de la race remonte à 1878. D'abord utilisé comme carrossier, il sera ensuite affecté à l'agriculture et au trait des omnibus urbains. C'est le cheval le plus haut du monde; il peut en effet atteindre 1,92 m et peser 1200 kg. En 1950, la race a connu un certain déclin, mais vingt ans après on enregistrait des signes de reprise.

---

98 IRLANDAIS DE TRAIT

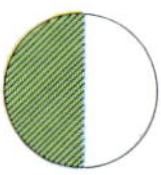

Race Irlandais de Trait (Irish Draught).
Origine Irlande.
Répartition géographique Irlande.
Aptitudes Trait moyen-lourd, travaux agricoles, selle.
Qualités Bon sauteur.
Caractère Tranquille mais dynamique.
Morphologie Type médio-bréviligne. Hauteur au garrot : 1,52-1,72 m. Robe : bai, bai sombre, gris, alezan. Tête proportionnée, profil rectiligne, front large et oreilles droites. Encolure de longueur et de largeur moyennes; garrot assez relevé, ligne dorso-lombaire longue et droite, croupe plutôt oblique, queue bien attachée, fournie et flottante; thorax ample et profond, ventre soutenu, épaule correctement inclinée, massive et puissante. Membres solides et musclés, crins rares, articulations larges et solides, canon et paturon solides, sabot large et arrondi.
Histoire Ses origines, encore mal définies, peuvent cependant être rattachées au Connemara. Le stud-book de la race, institué en 1912, est tenu selon des critères rigoureux. Les juments croisées avec le Pur-Sang Anglais produisent le Hunter Irlandais, un cheval sportif de tout premier ordre, sans égal dans les courses d'obstacles : par ailleurs, malgré sa corpulence, l'Irlandais de Trait révèle de remarquables qualités de sauteur. Pour empêcher les croisements en dehors de l'Irlande, le gouvernement a interdit l'exportation de juments appartenant à la race.

99 DÖLE GUDBRANDSDAL

Race Döle Gudbrandsdal.
Origine Norvège.
Répartition géographique Norvège.
Aptitudes Trait lourd, travaux agricoles, courses de trot.
Qualités Fort et résistant.
Caractère Patient mais énergique.
Morphologie Type médio-bréviligne. Hauteur au garrot : 1,45-1,53 m. Poids : 540-630 kg. Robe : bai, bai sombre ou noir, plus rarement gris et isabelle. Tête lourde et plutôt carrée, toupet abondant, profil nasal rectiligne, oreilles longues, œil petit. Encolure plutôt courte, musclée et ornée d'une crinière abondante; garrot large et modérément relevé, ligne dorso-lombaire droite, dos long et reins forts, croupe large et musclée, plutôt oblique, queue longue et fournie mais attachée un peu bas, thorax large et profond, épaule forte, musclée et bien inclinée. Membres courts et robustes musclés, poilus à partir du canon, articulations larges et solides, canon court, pied large et pourvu d'un ongle résistant.
Histoire Son aspect rappelle le Dales, et l'on peut supposer que ses origines sont très proches de celles du Poney Anglais. À une époque plus récente, le Döle a subi l'influence du Pur-Sang Anglais et de diverses races de trotteurs ou de trait lourd. Un rôle déterminant dans son élaboration a été celui de *Odin* (ex-*Partisan*), de race Norfolk (Pur-Sang Anglais selon d'autres), et du Pur-Sang Arabe *Mazarin*, importé en 1934. Le Döle a contribué à la formation du Suédois du Nord, dont il est très proche. En raison de son aptitude particulière pour le trot, un type plus léger a été élevé, auquel a été apportée une forte dose de sang trotteur, dans le but d'améliorer ses performances sportives. Depuis 1941, cette variété, dénommée Trotteur Döle ou Trotteur Norvégien, a son stud-book contresigné par la lettre « G ». Le chef de ligne de ce trotteur est l'étalon *Dovre* qui, de 1840 à 1860, avec les deux autres étalons *Veikle Balder* et *Toftebrun*, a donné l'impulsion décisive à la création de cette « sous-race ». Le Trotteur Döle a enregistré un record de 1'21"60/km, établi en 1986 par *Alm Svarten*, âgé de 5 ans. Le Döle Gudbrandsdal, dans sa version d'origine, a été affecté dans son pays au transport du bois et à d'autres travaux agricoles.

100 SUÉDOIS DU NORD

Race Suédois du Nord.
Origine Suède.
Répartition géographique Suède.
Aptitudes Trait lourd, travaux agricoles, courses de trot.
Qualités Fort, résistant, bon trotteur, frugal; bonne longévité.
Caractère Tranquille mais énergique.
Morphologie Type médio-bréviligne. Hauteur au garrot : 1,53-1,56 m. Robe : bai, bai sombre, noir, alezan ou isabelle. Tête de proportions moyennes mais plutôt lourde, profil rectiligne, front large, oreilles longues, œil petit mais expressif. Encolure plutôt courte, musclée, large à la base, ornée d'une crinière abondante et flottante; garrot large, bas et musclé, ligne dorso-lombaire longue et droite, dos et reins larges, croupe ample et plutôt oblique, queue attachée bas, recouverte de longs crins et longue, thorax ample et profond, ventre rond et volumineux, épaule musclée et inclinée. Membres plutôt courts, à ossature robuste, articulations larges, tendons résistants, fanons touffus, sabot large, arrondi et solide.
Histoire Il présente de nombreuses affinités avec le Döle Gudbrandsdal. Un élevage très sélectif, misant sur l'aptitude au trot particulière du cheval, a permis de créer le Trotteur Suédois du Nord-Hestur (ou Suédois du Nord), relativement léger. Les temps réalisés par ce trotteur à sang froid sont cependant très au-dessous de ceux des vraies races de trotteurs de course, tournant autour de 1′30″/km. Le stud-book de la race date de 1924.

---

101 ARDENNAIS SUÉDOIS

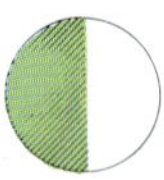

Race Ardennais Suédois.
Origine Suède.
Répartition géographique Suède.
Aptitudes Trait lourd et travaux agricoles.
Qualités Fort, résistant, frugal; bonne longévité.
Caractère Tranquille et docile mais énergique.
Morphologie Type bréviligne. Hauteur au garrot : 1,53-1,63 m. Poids : 500-700 kg. Robe : bai, bai sombre, noir et alezan. Tête plutôt lourde, profil rectiligne, front large, toupet abondant, œil petit, encolure courte et musclée, ornée d'une crinière abondante; garrot peu élevé, large et musclé, ligne dorso-lombaire courte, croupe également musclée, large, arrondie et souvent double, thorax ample et profond, épaule inclinée et musclée. Membres courts, pied large, rond et pourvu d'un ongle solide.
Histoire La race, qui remonte au XIXe siècle, doit sa formation à l'apport du Belge et de l'Ardennais, qu'elle rappelle, tant par l'aspect, massif et compact, que par le caractère. Sacrifiée à l'avènement de la motorisation, elle garde cependant une utilité dans le transport du bois dans les régions montagneuses.

102 JUTLAND

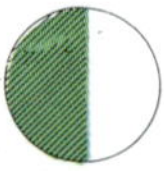

Race Jutland.
Origine Danemark.
Aptitudes Trait lourd et travaux agricoles.
Qualités Résistant et coopératif.
Caractère Docile mais énergique.
Morphologie Type bréviligne. Hauteur au garrot : 1,52-1,65 m. Poids : 650-800 kg. Robe : le plus souvent alezan, ou bai, gris, rouan, avec fréquentes marques blanches. Tête proportionnée, profil légèrement convexe, œil petit et oreilles droites. Encolure courte, musclée et arquée; garrot bas et large, ligne dorso-lombaire courte, dos fort mais ensellé, reins larges et musclés, croupe ample et plutôt oblique, thorax également ample et profond, épaule plutôt droite et musclée. Membres courts et musclés, à longs crins, assez solides, sabot large et arrondi.
Histoire Ses origines, incontestablement fort anciennes, sont obscures. Les Romains le connaissaient déjà comme monture des Vikings. Au Moyen Âge il servit dans les tournois, où sa forte constitution lui permettait de supporter aisément le poids du cavalier. Au XIXe siècle, il a bénéficié d'un apport de sang Cleveland Bay et Suffolk Punch, en particulier de l'étalon *Oppenheim LXII* importé en 1860 et, plus tard, de l'Ardennais. Sa ressemblance avec le Schleswig s'explique par des origines probablement communes, sans compter l'influence exercée sur les deux races par cet étalon et par le même Jutland sur la race germanique.

---

103 HOLLANDAIS DE TRAIT

Race Hollandais de Trait.
Origine Pays-Bas.
Répartition géographique Pays-Bas.
Aptitudes Trait lourd et travaux agricoles.
Qualités Fort et résistant.
Caractère Tranquille, actif, vif et coopératif.
Morphologie Type bréviligne. Hauteur au garrot : 1,55 m environ. Robe : généralement alezan, bai ou gris, exceptionnellement noir. Tête bien conformée et plutôt carrée, ganaches prononcées, profil rectiligne, front large, oreilles courtes et droites, œil grand mais avec une expression intelligente. Encolure bien attachée et puissante; garrot bas et large, ligne dorso-lombaire courte et droite, reins musclés, croupe oblique, queue attachée bas, poitrine large et musclée, thorax ample, haut et profond, épaule longue et bien inclinée. Membres forts et musclés, recouverts de longs crins, articulations larges, pied doté d'un sabot solide.
Histoire Cette race récente, dont l'origine remonte à 1918, résulte du croisement de juments locales de type Zeeland avec des étalons de Trait Lourd Belges d'abord, Ardennais Belges ensuite. En dépit de sa corpulence, c'est un animal relativement agile et doté d'une action désinvolte. Sa diffusion fut assez rapide, mais son emploi a été réduit par l'avènement de la motorisation et de la mécanisation en agriculture.

sberg
saa en

104 SCHLESWIG

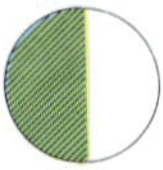

Race Schleswig.
Origine Allemagne de l'Ouest.
Répartition géographique Allemagne de l'Ouest.
Aptitudes Trait lourd et travaux agricoles.
Qualités Résistant et coopératif.
Caractère Docile mais énergique.
Morphologie Type bréviligne. Hauteur au garrot : 1,55-1,65 m. Poids : 650-800 kg. Robe : alezan, bai ou gris, avec fréquentes marques blanches. Tête proportionnée, profil légèrement convexe, oreilles bien droites et œil petit. Encolure courte, musclée et rouée; garrot bas et large, ligne dorso-lombaire courte mais pas toujours droite, dos fort, reins larges et musclés, croupe ample et arrondie, thorax ample et profond, épaule plutôt droite et musclée. Membres plutôt courts et musclés, assez solides et pas très poilus, sabot grand et de forme arrondie.
Histoire Il dérive du Jutland auquel il ressemble d'ailleurs étrangement. Les deux races ont subi en effet l'apport décisif de l'étalon Suffolk Punch, *Oppenheim LXII*. Le stud-book de la race a été institué en 1891. Le Schleswig était utilisé dans le passé dans les transports urbains et autres, ainsi que pour différents travaux agricoles. Actuellement, il connaît le destin de la plupart des races semblables.

---

105 RHÉNAN

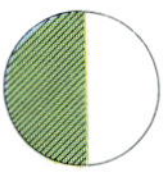

Race Rhénan.
Origine Allemagne de l'Ouest.
Aptitudes Trait lourd et travaux agricoles.
Qualités Fort et résistant.
Caractère Tranquille et doux.
Morphologie Type bréviligne. Hauteur au garrot : 1,62-1,72 m. Poids : 1 000 kg environ. Robe : alezan ou rouan (avec queue et crinière blond délavé ou noires), bai. Tête petite mais ganaches lourdes, profil rectiligne, toupet abondant, œil petit. Encolure plutôt courte, mais pas trop, large et musclée; garrot bas et large, ligne dorso-lombaire courte et souvent légèrement ensellée, dos et reins larges et musclés, flancs également musclés et arrondis, croupe large et musclée, plutôt oblique, thorax ample, ventre rond et volumineux, épaule musclée et plutôt droite. Membres courts et musclés, recouverts de longs crins, articulations larges, canon court, sabot large et résistant.
Histoire Ses origines, qui remontent à la seconde moitié du siècle dernier, sont étroitement liées à l'Ardennais, dont il procède, avec l'apport probable du Belge de Trait Lourd; le stud-book de la race a été institué en 1876. Destiné au départ aux travaux agricoles et au transport en général, tout en conservant les caractères originels, il a fini par porter des noms divers selon la région d'élevage, comme dans le cas du Niedersachsen de Trait Lourd de Basse-Saxe.

106 NORIQUE

Race Norique (Noriker - Cheval Allemand du Sud à Sang Froid).
Origine Autriche (Styrie et Carinthie).
Répartition géographique Autriche, Allemagne et Italie.
Aptitudes Trait lourd et travaux agricoles.
Qualités Fort et sobre.
Caractère Docile mais tranquille.
Morphologie Type médio-bréviligne. Hauteur au garrot : 1,55-1,70 m. Poids : 700-900 kg. Robe : bai, alezan (parfois rubican), bai sombre, noir ou maculé (Pinzgauer, « tigré »), rarement pie et gris. Tête un peu lourde, profil rectiligne ou légèrement convexe. Encolure courte et musclée, ornée d'une riche crinière flottante et ondulée; garrot large et peu proéminent, ligne dorso-lombaire légèrement ensellée, dos long, croupe ample et oblique, queue attachée bas, poitrine large et musclée, thorax ample et profond, épaule plutôt droite et musclée. Membres musclés, articulations larges et solides, paturon court et poilu, pied large et bien fait, mais plutôt plat.
Histoire Les Romains en développèrent l'élevage dans la province de Noricum (actuellement Styrie et Carinthie). Si la race a été améliorée au XVIe siècle par l'apport de sang Napolitain et Andalou et cataloguée en 1884, l'élevage rationnel n'a commencé qu'en 1903 (avec la création du stud-book). On l'appelait également Cheval de Styrie et de Carinthie. En Bavière, on en élève une variété plus légère (Oberlander), et, dans le Tyrol, il prend le nom de Pinzgauer.

---

107 FRANCHES-MONTAGNES

Race Franches-Montagnes (Freiberger).
Origine Suisse.
Répartition géographique Suisse, Italie et autres pays européens.
Aptitudes Trait léger, travaux agricoles, selle.
Qualités Précoce, sobre, polyvalent.
Caractère Équilibré, actif, tranquille.
Morphologie Type médioligne. Hauteur au garrot : 1,50-1,58 m. Poids : 550-650 kg. Robe exclusivement baie ou alezane. Tête plutôt lourde et aux ganaches prononcées, profil fronto-nasal rectiligne, toupet abondant qui retombe sur le front large, oreilles petites. Encolure musclée, large à la base et rouée; garrot large et assez prononcé, ligne dorso-lombaire soutenue, reins forts, croupe légèrement oblique, thorax ample et profond, ventre rond, épaule correctement inclinée. Membres courts et secs, articulations correctes, sabot résistant.
Histoire Ce cheval de création récente (fin du XIXe siècle) descend du Pur-Sang Anglais et de l'Anglo-Normand, dont l'influence s'est fait sentir sur le Cheval du Jura Bernois. On enregistre également dans sa formation l'apport de l'Ardennais et de l'Arabe, ce dernier provenant des écuries hongroises de Bâbolna. On distingue au sein de la race deux variétés : l'une, caractérisée par un plus grand développement des masses musculeuses; l'autre, de type plus léger, adaptée à l'équitation de campagne. Les deux variétés s'influencent réciproquement pour donner naissance à des sujets chez qui prévaut tour à tour l'une de ces tendances.

108 ITALIEN DE TRAIT LOURD RAPIDE

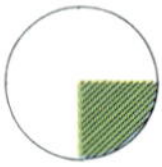

Race Italien de Trait Lourd Rapide.
Origine Italie.
Répartition géographique Italie (Vérone, Padoue, Vicenza, Venise, Rovigo, Ferrare).
Marque Bouclier avec une échelle apposée à la cuisse gauche, côté gauche de l'encolure.
Aptitudes Trait lourd et travaux agricoles.
Qualités Coopératif, rustique, rapide par rapport à sa corpulence.
Caractère Doux, actif, juste ce qu'il faut de nervosité.
Morphologie Type bréviligne. Hauteur au garrot : 1,48-1,58 m (jument) et 1,52-1,60 m (étalon). Poids : 600-700 kg. Robe : alezan (avec queue et crinière claires), aubère ou bai, les autres robes n'étant pas admises, présence de balzanes et autres particularités de la robe. Tête plutôt légère, carrée et sèche, profil rectiligne ou moutonné, front large, sur lequel retombe un toupet abondant, oreilles plutôt petites, œil grand et vif, naseaux larges, canal de la mâchoire inférieure bien ouvert et sec. Encolure courte et musclée, très large à la base et ornée d'une crinière abondante; garrot modérément relevé, sec et musclé, ligne dorso-lombaire courte et droite, reins forts, flancs courts et arrondis, croupe arrondie et oblique, de préférence double, queue bien attachée, poitrine large et musclée, thorax ample et profond, côtes arrondies, ventre assez soutenu, épaule de bonne longueur, assez inclinée et adhérant bien au tronc. Membres courts aux extrémités couvertes de crins, bras plutôt long, canon au contraire court, paturon court et bien incliné, articulations larges avec une tendance à être rondes, sabot pas très grand mais proportionné et bien fait; aplombs corrects.
Histoire La race remonte à 1860, lorsque le Dépôt des chevaux étalons de Ferrare commença à fonctionner. Tout d'abord furent utilisés des étalons provenant de la race de Polésine, puis on introduisit des Pur-Sang Anglais, Hackney et Pur-Sang Arabes. Au début du XIXe siècle, on entreprit d'alourdir la production par l'apport de Boulonnais, d'Ardennais et de Norfolk Breton. Après la Première Guerre mondiale, où l'élevage subit de graves dommages, notamment en Vénétie, il fallut procéder à une difficile œuvre de reconstitution, à laquelle ont participé des étalons Ardennais, Percherons et Bretons; on aboutit enfin à la fixation des caractères définitifs grâce à une opération de métissage soigneusement réalisée.

109 SOKÓLSK

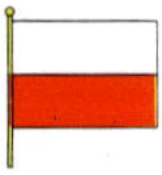

Race Sokólsk (Sokolsky).
Origine Pologne.
Répartition géographique Pologne.
Aptitudes Trait lourd et travaux agricoles.
Qualités Fort, résistant, frugal, coopératif.
Caractère Docile et tranquille.
Morphologie Type médio-bréviligne. Hauteur au garrot : 1,53-1,63 m. Robe : généralement alezan, mais aussi bai ou bai sombre. Tête légèrement lourde, profil rectiligne, oreilles droites, bien proportionnées, œil expressif. Encolure assez longue et musclée; garrot proéminent, ligne dorso-lombaire droite, croupe oblique, thorax haut et profond, épaule correctement inclinée. Membres musclés et résistants, canon court, tendons robustes, sabot large et arrondi.
Histoire Les origines du Sokólsk remontent à peine à une centaine d'années. À son élaboration ont concouru le Norfolk, le Belge, l'Ardennais et l'Anglo-Normand. C'est dans l'ensemble un cheval caractérisé par une certaine lourdeur, qui se prête bien à divers emplois dans le secteur agricole.

---

110 MURAKÖZ

Race Muraköz.
Origine Hongrie.
Répartition géographique Hongrie, Pologne, Yougoslavie.
Aptitudes Trait lourd et travaux agricoles.
Qualités Fort et frugal.
Caractère Docile mais énergique.
Morphologie Type bréviligne. Hauteur au garrot : environ 1,63 m. Robe : alezan (avec crinière, queue et membres plus clairs recouverts de longs crins), bai, bai sombre, noir ou gris. Tête plutôt longue et lourde, profil un peu moutonné, oreilles longues, œil au regard doux. Encolure courte et musclée; garrot bas et large, ligne dorso-lombaire courte, croupe oblique, queue attachée bas, thorax ample et profond, ventre soutenu, épaule inclinée et puissante. Membres courts et solides, musclés, bonne ossature, canon et paturon couverts de crins, sabot proportionné et de forme ronde.
Histoire La race, de formation récente, a été créée au cours de ce siècle, sur les bords de la Mura, par croisement de juments locales avec des étalons Ardennais, Percherons, Noriques et indigènes. Au cours de la Seconde Guerre mondiale, elle a subi de lourdes pertes et il lui a fallu un nouvel apport de sang d'étalons Ardennais. On en élève actuellement deux variétés : l'une haute et lourde, l'autre plus petite et légère. Dans l'ensemble, c'est un animal de très grande taille et aux formes ramassées, dont l'aspect reflète la puissance, apte aux travaux agricoles.

111 SOVIÉTIQUE DE TRAIT LOURD

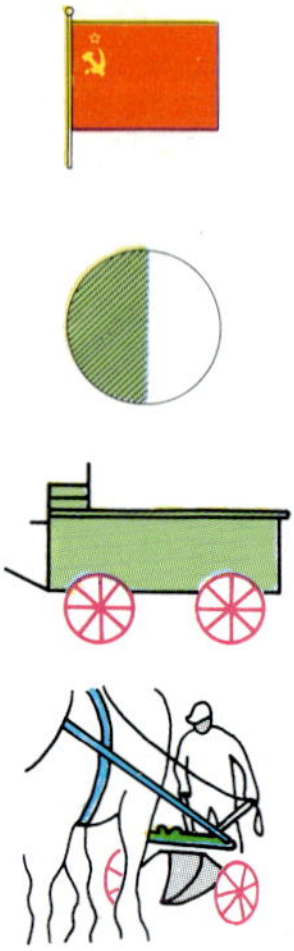

Race Soviétique de trait lourd.
Origine Union soviétique.
Répartition géographique Union soviétique.
Aptitudes Trait lourd et travaux agricoles.
Qualités Rustique et fort.
Caractère Tranquille mais énergique.
Morphologie Type bréviligne. Hauteur au garrot: environ 1,55 m. Poids: 650-780 kg. Robe: généralement alezan, bai, rouan. Tête proportionnée, aux ganaches lourdes, profil rectiligne ou légèrement convexe, toupet abondant, oreilles de bonnes dimensions et pointues, œil à l'expression douce; dos et reins amples et forts, croupe musclée et oblique, queue longue et fournie, thorax ample et profond, ventre rond, épaule droite et musclée. Membres robustes, articulations solides, avant-bras et jambes courts, sabot large et arrondi.
Histoire La race, créée entre la fin du siècle dernier et les premières décennies du xxe siècle, a été fixée en 1940. Elle est née du croisement de chevaux indigènes avec des sujets importés de race Belge et probablement Percheronne. Malgré sa corpulence, ce cheval se caractérise par un pas et un trot assurés et désinvoltes. C'est le cheval de ce type le plus répandu dans les républiques soviétiques, destiné également à l'amélioration d'autres races lourdes, par les soins de l'État ou par les coopératives d'agriculteurs connues sous le nom de kolkhozes.

---

112 RUSSE DE TRAIT LOURD

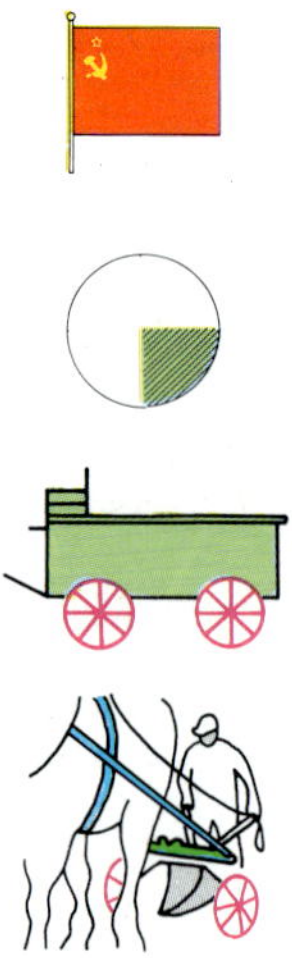

Race Russe de trait lourd.
Origine Union soviétique.
Répartition géographique Union soviétique (Ukraine).
Aptitudes Trait lourd et travaux agricoles.
Qualités Fort et résistant.
Caractère Tranquille mais énergique.
Morphologie Type bréviligne. Hauteur au garrot: 1,44-1,52 m. Robe: alezan, rouan ou bai. Tête de grosseur moyenne, profil rectiligne ou légèrement moutonné, front ample, sur lequel retombe un toupet abondant, oreilles pointues, œil vif. Encolure de longueur moyenne et musclée, rouée et ornée d'une crinière abondante et flottante; garrot bas et large, ligne dorso-lombaire courte et droite, dos et reins amples et musclés, flancs puissants, croupe large et légèrement oblique, queue longue et fournie, thorax profond, côtes arrondies, ventre soutenu, épaule inclinée et puissante. Membres courts et peu poilus, cuisse musclée et sabot résistant.
Histoire La race s'est formée au cours des cent dernières années par croisement de juments locales avec des étalons de races diverses de trait lourd, comme l'Ardennais Suédois, le Belge et le Percheron, avec en outre le recours à des étalons Orlov. Doté d'une action souple, tant au pas qu'au trot, le Russe de Trait Lourd est un animal tout à la fois robuste et vif. Créé pour satisfaire aux exigences de l'agriculture, un secteur de première importance dans l'économie ukrainienne, il présente des formes puissantes et bien modelées.

113 VLADIMIR

Race Vladimir.
Origine Union soviétique (Vladimir).
Répartition géographique Union soviétique (Vladimir).
Aptitudes Trait lourd et travaux agricoles.
Qualités Très vigoureux.
Caractère Énergique, coopératif, tranquille.
Morphologie Type médio-bréviligne. Hauteur au garrot : 1,55-1,63 m. Poids : 680-760 kg. Robe : alezan, bai, bai sombre et noir, avec fréquentes marques blanches. Tête de grandeur moyenne mais ganaches lourdes, profil souvent moutonné, oreilles bien droites. Encolure de longueur moyenne et musclée, large à la base et rouée, garrot assez haut et long, ligne dorso-lombaire droite, dos et reins courts et forts, croupe ample et oblique, thorax ample et profond, ventre soutenu, épaule inclinée et puissante. Membres solides et courts, assez fournis en poils, cuisse musclée, sabot large et rond.
Histoire Il a été créé dans la seconde moitié du siècle dernier par le croisement de races variées comme l'Ardennais, le Percheron, le Suffolk Punch, le Cleveland Bay, le Clydesdale et le Shire. La sélection du Vladimir s'est poursuivie après la révolution d'Octobre sans autres apports externes; la race a reçu son nom actuel en 1946, date à partir de laquelle elle a été enregistrée. Le Vladimir est soumis à des épreuves de sélection particulièrement draconiennes.

---

114 LITUANIEN

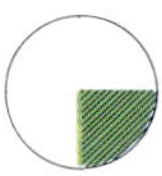

Race Lituanien.
Origine Union soviétique.
Répartition géographique Union soviétique (Lituanie).
Aptitudes Travaux agricoles et trait lourd.
Qualités Fort et résistant.
Caractère Tranquille.
Morphologie Type médio-bréviligne. Hauteur au garrot : 1,52-1,63 m. Robe : alezan, bai, noir, gris, rouan. Tête proportionnée mais à ganaches lourdes, profil rectiligne, avec toupet abondant, grandes oreilles. Encolure plutôt courte et musclée, rouée et ornée d'une crinière abondante; garrot ample et moyennement relevé, ligne dorso-lombaire droite, croupe arrondie, queue bien attachée, fournie et longue, poitrine large et musclée, thorax ample et profond, épaule inclinée et musclée, mais plutôt massive. Membres courts, musclés et solides, articulations larges et résistantes, canon long, sabot large et bien fait.
Histoire Descendant du Zemaituka, le Lituanien a été formé à la fin du XIXe siècle mais enregistré et contrôlé seulement à partir de 1963. Le Finlandais et l'Ardennais Suédois ont concouru à sa formation. La sélection s'opère au moyen d'épreuves fonctionnelles auxquelles sont soumis les étalons destinés à la reproduction. Un autre cheval est très proche du Lituanien par ses origines et sa structure : le Letton. Les deux races possèdent une allure appréciée tant au pas qu'au trot, et jouent un rôle très important dans l'économie agricole de leurs régions respectives.

LES PONEYS

115 TARPAN

Race Tarpan (Tarpan, *Equus przewalskii gmelini*).
Origine Pologne.
Aptitudes Vie à l'état sauvage.
Qualités Résistant aux mauvaises conditions climatiques; prolifique.
Caractère Courageux, indépendant, intraitable.
Morphologie Type médioligne. Hauteur au garrot: environ 1,30 m. Robe: souris, louvet et isabelle, avec crinière et queue noires, raie de mulet aux extrémités noires ou zébrées. Tête un peu lourde, profil légèrement camus, oreilles longues, portées en avant et un peu de côté, œil petit et en amande, toupet abondant. Encolure courte et large, ornée d'une crinière abondante; garrot peu relevé, ligne dorso-lombaire droite et longue, croupe oblique, queue bien attachée et flottante, thorax ample et profond, épaule bien inclinée. Membres fins mais solides.
Histoire Il est considéré comme l'ancêtre de toutes les races de type léger actuellement vivantes. La race est désormais éteinte, le dernier exemplaire en liberté était mort en 1879 pour échapper à la capture; en 1887, le dernier sujet en captivité s'éteignait à son tour au zoo de Munich en Bavière. On eut beaucoup de mal à le domestiquer pour l'affecter aux travaux agricoles. On en distinguait deux types: le Tarpan des Steppes et le Tarpan des Forêts, qui vivaient à l'état sauvage en Europe orientale, de la Pologne à l'Ukraine. Pour reconstituer la race, le gouvernement polonais réquisitionna tous les sujets dotés des caractères du Tarpan, qui furent transportés dans les forêts de Popielno et de Bialowieska. On aboutit au type de cheval reproduit sur la photo.

---

116 HUÇUL

Race Huçul.
Origine Pologne.
Répartition géographique Pologne, Grande-Bretagne.
Aptitudes Trait léger, somme, travaux agricoles.
Qualités Sobre, coopératif et résistant.
Caractère Tranquille, docile, tolérant.
Morphologie Type médioligne, formes harmonieuses et structure solide. Hauteur au garrot: 1,23-1,33 m. Robe: principalement bai, isabelle, louvet et souris, plus rarement gris. Tête proportionnée, profil légèrement camus, toupet abondant, oreilles petites et pointues, œil petit, naseaux larges. Encolure bien conformée et de bonne longueur, ornée d'une crinière longue et fournie; garrot assez relevé, ligne dorso-lombaire droite et longue, flancs bien modelés, croupe oblique, queue attachée bas mais riche et flottante, thorax ample et profond, épaule plutôt inclinée. Membres bien musclés, articulations solides, canon long, pied petit pourvu d'un ongle résistant.
Histoire Ce poney, comme le Konik auquel il ressemble, descend du Tarpan. Il a également reçu, notamment au siècle dernier, des apports de sang Arabe. L'élevage rationnel commença à partir du XIXe siècle dans divers centres, dont un en Grande-Bretagne. Le Huçul est un animal sobre et résistant, qui se prête à de multiples usages, particulièrement en montagne.

117 KONIK

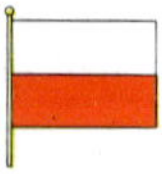

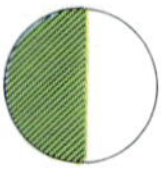

Race Konik.
Origine Pologne.
Répartition géographique Pologne.
Aptitudes Travaux agricoles.
Qualités Sobre et de grande longévité.
Caractère Tranquille, coopératif mais indépendant et épris de liberté, ce qui le rend parfois difficile à manier.
Morphologie Type médioligne. Hauteur au garrot: 1,30-1,40 m. Robe: principalement souris et isabelle (avec raie de mulet, crinière et queue plus foncées ou noires, extrémités zébrées), gris et bai avec reflets bleuâtres. Tête un peu lourde avec mauvaise attache, profil un peu convexe, oreilles petites et pointues, toupet abondant, naseaux larges. Encolure assez longue mais large et musclée, ornée d'une crinière longue et abondante; garrot modérément relevé, ligne dorso-lombaire droite, dos court et reins bien attachés, croupe oblique, queue attachée bas mais abondante et flottante, thorax ample et profond, épaule très inclinée. Membres solides, articulations larges et sèches, tendons résistants, pied petit et bien fait.
Histoire Il descend certainement du Tarpan, même si son aspect apparemment doux trahit un apport probable de sang Arabe. Le Konik, dont le nom en polonais signifie « petit cheval », a hérité des qualités de résistance et de sobriété de son ancêtre le Tarpan. Il a également concouru à la formation d'autres races, russes et polonaises.

---

118 CHEVAL SAUVAGE DE MONGOLIE

Race Cheval Sauvage de Mongolie (Mongolian Wild Horse, Asiatic Wild Horse, *Equus przewalskii* P. Poliakov).
Origine Mongolie.
Aptitudes Vie à l'état sauvage.
Qualités Fort et résistant.
Caractère Courageux et énergique.
Morphologie Type médioligne. Hauteur au garrot: 1,23-1,43 m. Robe: isabelle et louvet, avec membres, crinière et queue foncés; fréquentes zébrures aux extrémités. Tête grande et lourde, profil rectiligne, front large, oreilles longues, œil petit et en amande. Bout du nez blanc. Encolure large et plutôt courte; garrot peu relevé, ligne dorso-lombaire droite et assez longue, dos et reins forts, croupe oblique, queue attachée bas, thorax profond, épaule droite. Membres courts et solides, bonne ossature, paturon court, sabot très allongé.
Histoire Le berceau de la race serait la région des monts Tachin Shara Nuru (les monts du Cheval Jaune), aux confins du désert de Gobi, où il y a quelques années vivaient encore à l'état sauvage les derniers exemplaires découverts en 1881 par le colonel Poliakov. Certains sujets survivent en captivité. Ces chevaux, demeurés très proches de leur ancêtre du Pléistocène, ont servi de monture aux Huns et aux Chinois. Ils sont certainement à l'origine de la plupart des races actuelles. Pendant des millénaires, ce cheval a maintenu intacts ses caractères primitifs du fait à la fois du milieu inhospitalier et d'une aversion naturelle pour les autres races.

119 PONEY MONGOL

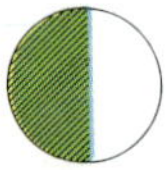

Race Poney Mongol (Mongolian).
Origine Mongolie.
Répartition géographique Mongolie.
Aptitudes Selle, bât, travaux agricoles, trait léger.
Qualités Résistant et sobre.
Caractère Tolérant et actif.
Morphologie Type médioligne. Hauteur au garrot: 1,23-1,42 m. Robe: bai, bai sombre, noir, souris et isabelle. Tête lourde, profil rectiligne, toupet abondant, oreilles courtes, œil petit et en amande. Encolure pas très longue et plutôt grosse, ornée d'une crinière abondante et flottante; garrot court et bas, ligne dorso-lombaire droite, dos plutôt court et fort, reins également courts, croupe longue et oblique, queue fournie et longue, thorax profond, épaule assez inclinée et musclée. Membres solides, ossature robuste, bien musclée, articulations larges, sabot arrondi et solide.
Histoire Cette race, l'une des plus anciennes, a certainement influencé la quasi-totalité des races asiatiques. En effet, les Mongols, peuple belliqueux, utilisèrent le Mongol comme monture au cours de leurs invasions, facilitant ainsi sa diffusion dans les pays conquis. D'où les affinités du Poney Mongol avec le Tibétain. Toujours élevée par les populations nomades de Mongolie, la race comporte de nombreuses variétés qui se sont formées sous l'influence du climat et du milieu, mais aussi en fonction de contacts divers avec d'autres races. La variété la plus appréciée est le Wuchumutsin, élevé sur les terrains et pâturages les plus fertiles.

---

120 MANIPUR

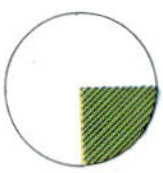

Race Manipur.
Origine Inde (Assam, Manipur).
Répartition géographique Inde (Assam, Manipur).
Aptitudes Selle.
Qualités Rapide et résistant.
Caractère Docile mais énergique.
Morphologie Type médioligne. Hauteur au garrot: 1,12-1,32 m. Robe: bai, bai sombre, gris et alezan. Tête légère et proportionnée, profil rectiligne, oreilles bien droites, œil en amande. Encolure bien conformée et ornée d'une riche crinière; garrot modérément relevé, ligne dorso-lombaire droite, croupe un peu oblique, queue bien attachée, thorax profond, épaule correctement inclinée. Membres structurés et solides, pied proportionné et pourvu d'un ongle résistant.
Histoire Cette race très ancienne fut importée en Inde au XVIIIe siècle par les envahisseurs tartares; ces derniers y auraient également introduit le jeu de polo qui, selon d'autres, serait originaire de Chine. Assistant pour la première fois, vers le milieu du XIXe siècle, à ce jeu où s'affrontaient des Poneys Manipur, les colonisateurs anglais furent séduits par ce sport répandu dans toute l'Asie et vieux de deux mille ans. De nos jours, le Manipur demeure en Asie la monture privilégiée du jeu de polo, alors qu'en Europe on emploie des poneys plus hauts (Poney Polo), plus rapides et prompts à la détente. Le Manipur, comme en témoigne ses belles formes harmonieuses, a bénéficié dans le passé d'apports précieux de sang Arabe.

121 SPITI

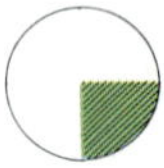

Race Spiti.
Origine Inde (Himalaya).
Répartition géographique Inde (Himalaya).
Aptitudes Bât.
Qualités Fort et résistant.
Caractère Inconstant.
Morphologie Type médioligne. Hauteur au garrot : environ 1,22 m. Robe généralement grise. Tête un peu lourde, profil rectiligne, toupet abondant, œil et oreilles petits. Encolure courte mais ornée d'une crinière abondante et flottante; garrot bas, dos court, reins forts, croupe légèrement oblique, queue longue et fournie. Thorax profond, épaule inclinée et musclée. Membres courts et solides, ossature robuste et bien musclée, articulations larges et résistantes, pied arrondi et doté d'un ongle épais.
Histoire Ce poney ressemble beaucoup au Tibétain Indigène, avec lequel il a probablement des origines communes; une ressemblance qui s'explique par ailleurs par une situation géographique similaire. Le Spiti est un montagnard aux traits fins, qui s'accommode mal de la plaine et souffre du climat chaud humide. Il a pour royaume les montagnes de l'Himalaya, où il joue un rôle irremplaçable comme animal de bât. D'aspect agréable, il allie à de gracieuses qualités esthétiques une résistance et une vigueur que reflètent ses formes et sa structure solide.

---

122 KATHIAWARI ET MARWARI

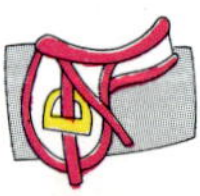

Race Kathiawari et Marwari.
Origine Inde (Kathiawari et Marwari).
Répartition géographique Inde (Kathiawari et Marwari).
Aptitudes Selle, bât, travaux agricoles, trait léger.
Qualités Résistant et sobre.
Caractère Tenace mais imprévisible.
Morphologie Type médio-longiligne de bonne taille. Hauteur au garrot : environ 1,43 m. Robe : bai, bai sombre, gris, alezan, isabelle et pie. Tête de proportions moyennes, profil rectiligne, oreilles pointues avec la pointe tournée vers l'intérieur. Encolure fine et de longueur moyenne; garrot relevé, ligne dorso-lombaire longue et droite, croupe oblique, thorax profond, épaule plutôt droite. Membres minces et élancés, aplombs peu corrects, pied petit et bien fait.
Histoire Ces deux races sont généralement étudiées ensemble en raison de leurs étroites affinités. Elles descendent du poney indigène croisé avec des chevaux Arabes rescapés d'un cargo naufragé sur les côtes occidentales de l'Inde; ces chevaux orientaux s'accouplèrent en toute liberté avec les poneys autochtones, rustiques et sobres, mais plus petits (1,32 m environ). L'influence de l'Arabe a contribué à affiner leur aspect, sans rien leur retirer des qualités foncières du poney indigène, résistance et sobriété.

123 TIBÉTAIN INDIGÈNE

Race Tibétain Indigène (Nanfan).
Origine Tibet.
Répartition géographique Tibet.
Aptitudes Selle, bât, travaux agricoles.
Qualités Fort et résistant.
Caractère Docile mais énergique et vif.
Morphologie Type médioligne. Hauteur au garrot : environ 1,24 m. Robe : toutes, mais la plus fréquente est l'isabelle. Tête pas très grande mais avec ganaches assez prononcées, profil rectiligne, front large sur lequel retombe un toupet abondant, oreilles petites et pointues, œil petit et de forme orientale. Encolure courte et musclée, ornée d'une crinière abondante et longue; garrot peu élevé, dos court, reins amples et forts, croupe arrondie, queue flottante, thorax profond, épaule plutôt droite. Membres courts et solides, bien structurés et musclés, bonnes articulations et sabot bien fait.
Histoire Ses origines remontent probablement aux Poneys Mongol et Chinois, de même que l'on ne peut exclure certaines affinités avec le Nhutia ou le Spiti. Dans l'ensemble, c'est un animal plutôt robuste et fort, apte à de multiples emplois.

---

124 CASPIAN

Race Caspian (Poney de la Caspienne).
Origine Iran.
Répartition géographique Iran, Grande-Bretagne.
Aptitudes Selle.
Qualités Fort et résistant; bon sauteur.
Caractère Docile et tranquille.
Morphologie Type médio-longiligne. Hauteur au garrot : 0,96-1,16 m (selon le standard de la British Caspian Society, la hauteur devrait se situer entre 1,06 et 1,22 m). Robe : alezan, bai ou gris, avec exceptionnelles marques blanches à la tête et aux membres. Tête petite, profil rectiligne, toupet abondant, oreilles courtes, œil grand, bout du nez fin, naseaux larges. Encolure musclée, un peu rouée et ornée d'une crinière abondante; garrot un peu roué, ligne dorso-lombaire courte et droite, croupe légèrement oblique, queue riche et bien attachée, thorax profond, épaule correctement inclinée. Membres solides et bien structurés, bonne ossature, tendons bien détachés, sabot petit et résistant.
Histoire La race, qui remonte à quelque 3000 ans av. J.-C., était déjà domestiquée à l'époque par les populations de Mésopotamie. Les formes harmonieuses et le port de ce cheval le font considérer comme un ancêtre de l'Arabe. On croyait la race éteinte depuis quelque mille ans lorsque, en 1965, on découvrit l'existence de sujets vivant sur les monts Elbourg et sur les rives de la mer Caspienne. La comparaison de ces animaux avec les vestiges mis au jour à Kermanshah fait apparaître des analogies de taille et de structure avec le petit cheval de Mésopotamie.

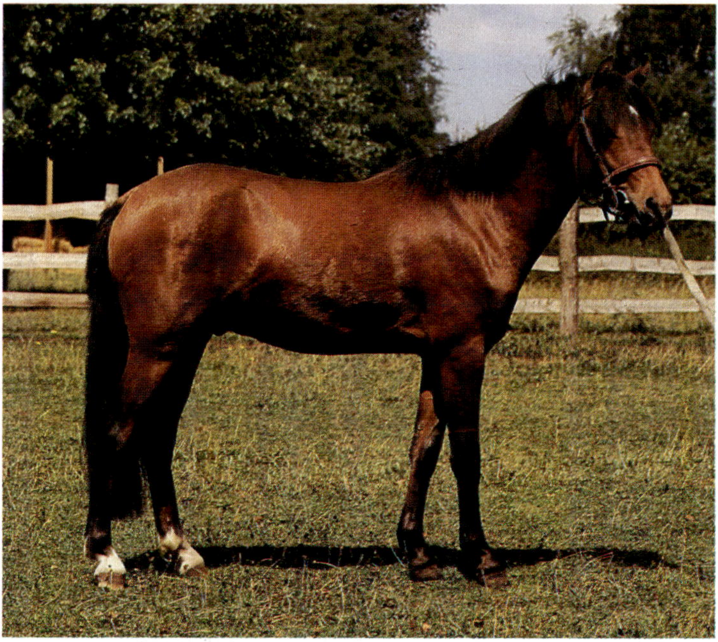

125 PONEY CHINOIS

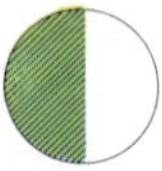

Race Poney Chinois.
Origine Chine.
Répartition géographique Chine.
Aptitudes Selle, bât, travaux agricoles.
Qualités Résistant et fort; adapté aux régions de montagne.
Caractère Plutôt rebelle.
Morphologie Type médioligne. Hauteur au garrot: 1,22-1,32 m. Robe: toutes, mais surtout isabelle. Tête petite, profil rectiligne, toupet abondant mais hirsute, oreilles petites, œil petit et de forme orientale. Encolure courte et ornée d'une crinière abondante, également hirsute; garrot plutôt bas, ligne dorso-lombaire droite, croupe assez oblique, thorax profond, épaule droite. Membres solides.
Histoire Il ressemble beaucoup aux autres poneys répandus sur le continent asiatique, avec lesquels il a des origines communes. Le Poney Chinois descend en effet certainement du Mongolian Wild Horse. Certains caractères morphologiques généraux, la présence fréquente de la raie de mulet ainsi que l'apparition de robes ancestrales révèlent le faible niveau d'évolution auquel il est parvenu.

---

126 TIMOR

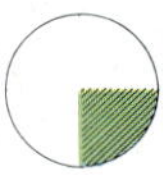

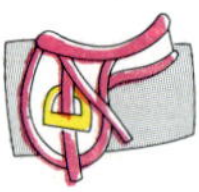

Race Timor.
Origine Indonésie (île de Timor).
Répartition géographique Indonésie (île de Timor).
Aptitudes Selle, travaux agricoles, trait léger.
Qualités Résistant et agile.
Caractère Docile et coopératif.
Morphologie Type médioligne. Hauteur au garrot: 0,92-1,10 m. Robe: bai, bai sombre ou noir. Tête relativement grande et lourde, profil rectiligne, oreilles courtes et naseaux larges. Encolure courte et musclée, large à la base; garrot assez relevé, ligne dorso-lombaire courte, croupe un peu oblique, thorax profond, épaule plutôt droite. Membres solides, pied petit pourvu d'un ongle résistant.
Histoire Il rappelle par son aspect le Skyros grec et, comme lui, est originaire d'une île, cet isolement insulaire ayant contribué à en conserver les caractères primitifs. Ses origines ne peuvent être dissociées de celles des autres poneys asiatiques. Bien qu'il ne soit pas particulièrement beau, le Timor est très utile sur l'île comme cheval de selle ou de bât, surtout pour les petits travaux agricoles.

127 BALI

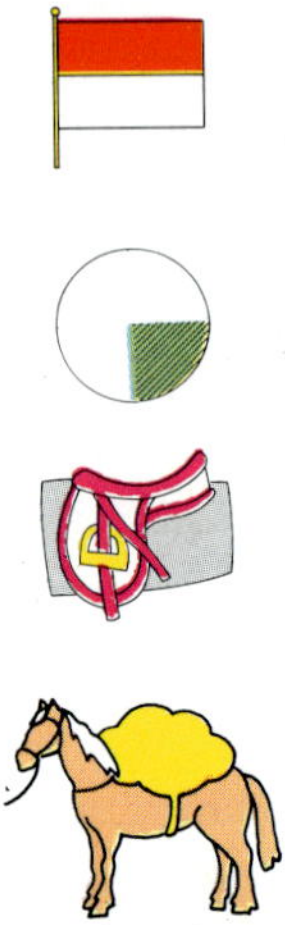

Race Bali.
Origine Indonésie (île de Bali).
Répartition géographique Indonésie (île de Bali).
Aptitudes Selle et bât.
Qualités Fort et sobre.
Caractère Docile et tranquille.
Morphologie Type médioligne. Hauteur au garrot: 1,21-1,33 m. Robe: isabelle, avec raie de mulet, crinière et queue noires, et extrémités foncées. Tête de grandeur moyenne, profil rectiligne, oreilles petites, œil de forme orientale. Encolure proportionnée, ornée d'une crinière hirsute; garrot plutôt bas, ligne dorso-lombaire courte et droite, croupe légèrement oblique, thorax profond, épaule modérément inclinée. Membres solides.
Histoire Il rappelle, par son aspect, les types indonésiens précédents; ses origines très anciennes sont attestées par sa robe, caractéristique des races primitives. Par ailleurs, sa crinière hirsute rappelle celle du Cheval Sauvage de Mongolie, son ancêtre probable. On l'utilise comme animal de bât et de selle: à ce dernier titre, il sert aussi bien à la population locale que, sur les plages, aux nombreux touristes attirés par la beauté des lieux.

---

128 SANDALWOOD

Race Sandalwood.
Origine Indonésie (îles de Sumba et de Sumbawa).
Répartition géographique Indonésie (îles de Sumba et de Sumbawa).
Aptitudes Selle, trait léger, bât, travaux agricoles.
Qualités Résistant et rapide.
Caractère Tranquille mais énergique.
Morphologie Type médioligne. Hauteur au Garrot: 1,23-1,33 m. Robes variées. Tête proportionnée, plutôt carrée, profil rectiligne, toupet retombant sur le front, oreilles petites et droites, œil expressif. Encolure proportionnée et ornée d'une riche crinière; garrot modérément relevé, ligne dorso-lombaire longue et droite, croupe plutôt oblique, thorax développé, épaule correctement inclinée. Membres bien structurés.
Histoire La race tire son nom du fait que ces poneys étaient exportés avec le bois de santal, produit d'exportation typique de l'île. Son aspect rappelle celui du Batak, très marqué par l'influence de l'Arabe. Doté d'un grand fond, très rapide, il est utilisé dans les courses locales sur des distances de 4 à 5 000 m, où il est monté sans selle.

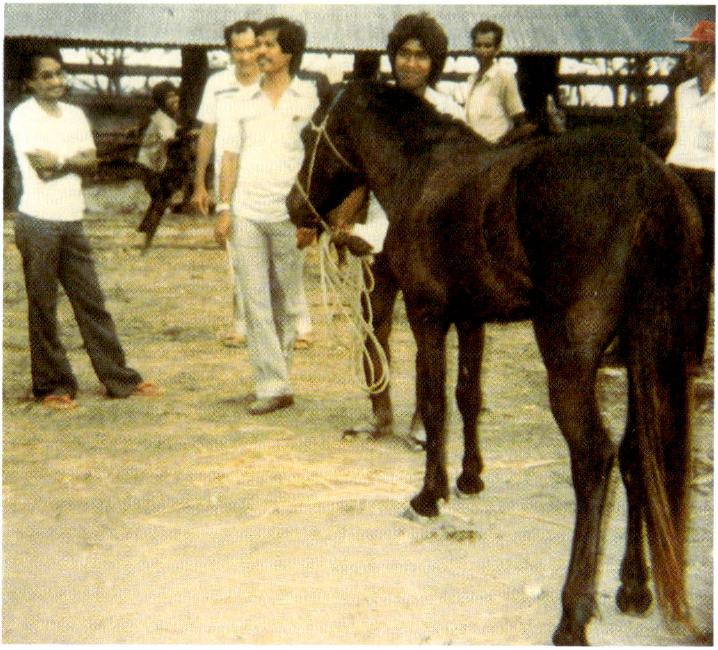

129 JAVA

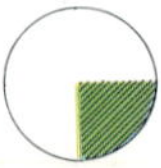

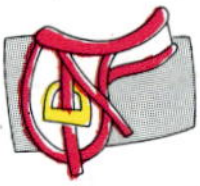

Race Java.
Origine Indonésie (île de Java).
Répartition géographique Indonésie (île de Java).
Aptitudes Bât, selle, trait léger, travaux agricoles.
Qualités Fort et résistant.
Caractère Docile et coopératif.
Morphologie Type médioligne. Hauteur au garrot : environ 1,23 m. Robe : toutes, sans distinction. Tête plutôt lourde, profil rectiligne. Encolure courte et musclée, ornée d'une crinière abondante; garrot modérément relevé, ligne dorso-lombaire droite et longue; croupe un peu oblique, thorax bien développé, épaule assez inclinée. Membres longs et bien musclés.
Histoire Il ressemble beaucoup au Timor, mais il est plus racé, plus haut, plus fort, avec une épaule plus inclinée. Ses origines sont vraisemblablement les mêmes, mais, sur l'île de Java, l'influence de l'Arabe a certainement été plus grande. Il y est utilisé pour tirer le *sados*, véhicule caractéristique à deux roues destiné au transport des personnes et des objets. Si le Java n'est pas particulièrement beau, il témoigne en revanche d'une force et d'une volonté extraordinaires.

---

130 BATAK

Race Batak.
Origine Indonésie (île de Sumatra).
Répartition géographique Indonésie.
Aptitudes Selle.
Qualités Sobre.
Caractère Docile et vif.
Morphologie Type médio-longiligne. Hauteur au garrot : 1,21-1,33 m. Robe : nombreuses variétés. Tête légère, profil légèrement concave, beau toupet. Encolure rouée et bien conformée; garrot assez relevé, ligne dorso-lombaire courte, croupe légèrement oblique, queue bien attachée, thorax profond, épaule bien inclinée. Membres solides, élancés et musclés, articulations et tendons résistants et secs, pied bien conformé.
Histoire Ce poney, originaire de l'île de Sumatra, est incontestablement la meilleure race indonésienne. Il résulte du croisement d'étalons Arabes avec des juments de races diverses sélectionnées, provenant de différentes îles. Les meilleurs étalons sont à leur tour envoyés dans les autres îles où ils contribuent à l'amélioration des races locales. Une autre race est élevée à Sumatra, le Gayoe, moins vif et lourd que le Batak.

131 FJORD

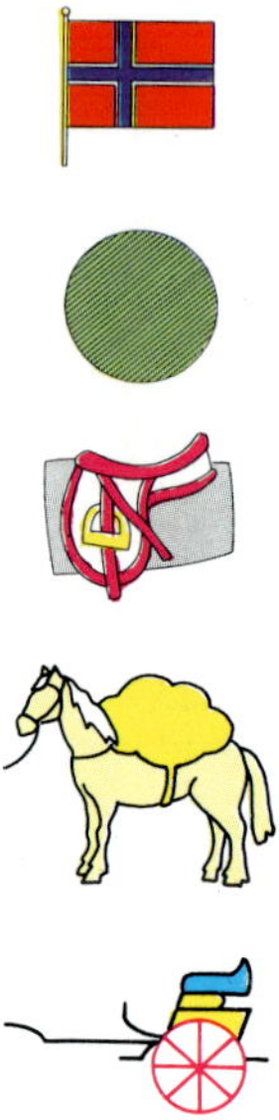

Race Fjord (Fjording).
Origine Norvège.
Aptitudes Selle, bât, trait léger, travaux agricoles.
Qualités Fort, infatigable, sobre.
Caractère Doux mais têtu.
Morphologie Type médioligne, de bonne taille. Hauteur au garrot : 1,31-1,44 m. Robe : isabelle clair, avec crins noirs et argentés, raie de mulet très étendue, avec souvent des zébrures aux membres et une bande circulaire sur le garrot. Tête petite mais avec ganaches prononcées, profil rectiligne ou camus, front ample, oreilles petites et écartées, œil grand et expressif, naseaux larges. Encolure courte et musclée, ornée d'une crinière hirsute; garrot bas, ligne dorso-lombaire pas trop longue et souvent ensellée, reins forts, croupe plutôt oblique, queue longue et fournie, thorax ample et profond, épaule très inclinée et musclée. Membres solides et musclés, articulations larges et sèches, tendons bien détachés, fanons touffus, paturon long, pied allongé et doté d'un ongle résistant.
Histoire Le Fjord, l'une des races européennes les plus anciennes et les plus pures, a réussi à préserver les caractères de ses ancêtres sauvages de l'époque glaciaire. Les Vikings l'utilisèrent à la guerre, comme en témoignent les peintures rupestres où figure le Fjord. C'est de ce poney que descendraient toutes les races modernes de trait lourd de l'Europe occidentale. La race a résisté à toutes les tentatives de métissage et est élevée dans toute sa pureté. Le Fjord participe dans son pays à de petites courses de trot attelé.

---

132 NORTHLANDS

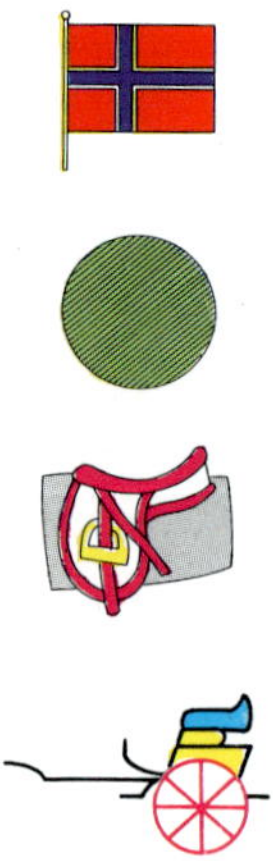

Race Northlands.
Origine Norvège.
Aptitudes Selle et trait léger.
Qualités Fort et sobre.
Caractère Tranquille mais énergique.
Morphologie Type médioligne, assez beau. Hauteur au garrot : environ 1,32 m. Robe : alezan, bai, bai sombre, gris. Tête proportionnée, profil rectiligne, toupet abondant, oreilles petites et droites, yeux bien écartés. Encolure plutôt courte et ornée d'une riche crinière; garrot modérément relevé, ligne dorso-lombaire longue et droite, croupe arrondie, queue longue, fournie et bien attachée, thorax ample et profond, épaule bien musclée et correctement inclinée. Membres solides et bien musclés, articulations larges et sèches, sabot bien fait et solide.
Histoire Les origines de cette race très ancienne remontent au poney de type nordique, qui descendait du Mongolian Wild Horse et du Tarpan, dont dérivent le Poney Baltique (Konik) et les poneys celtes (Iceland, Shetland, Exmoor). Jusqu'en 1820, son élevage traditionnel par de simples agriculteurs n'obéissait à aucun critère de sélection. Après la Première Guerre mondiale, un certain nombre d'éleveurs prirent l'initiative d'en réglementer la production, fixant à cette fin le standard de la race. En dépit de quoi, en 1944, seuls 43 exemplaires étaient enregistrés; par la suite, l'élevage de la race connut un renouveau, grâce notamment à l'étalon *Rimfakse*.

46

133 PONEY ISLANDAIS

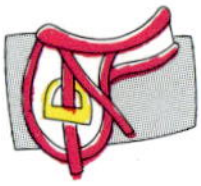

Race Poney Islandais (Iceland).
Origine Islande.
Répartition géographique Islande et France.
Aptitudes Selle, bât, trait léger.
Qualités Rustique, sobre, fort, bon ambleur.
Caractère Tranquille et sociable, mais indépendant.
Morphologie Type médioligne. Hauteur au garrot: 1,21-1,34 m. Poids: 380-410 kg. Robe: toutes, de l'alezan à l'isabelle, au bai, bai sombre, noir, gris, souris et même pie. Tête proportionnée mais avec ganaches prononcées, profil rectiligne, front large et toupet abondant, oreilles petites, œil vif, naseaux larges. Encolure courte et musclée, plutôt large à la base, ornée d'une crinière fournie, à crins durs; garrot plutôt large et peu relevé, ligne dorso-lombaire allongée mais parfois un peu ensellée, croupe courte et large, musclée et plutôt oblique, queue longue et fournie, mais hirsute et avec attache basse, thorax profond, épaule inclinée et musclée. Membres courts et solides, articulations larges et sèches, canon relativement long, paturon court, sabot résistant.
Histoire Il fut vraisemblablement importé en Norvège au IXe siècle par les Norvégiens; mais, lorsque les populations celtes débarquèrent en Islande, provenant d'Irlande et d'Écosse, le Poney Islandais subit l'influence certaine du Shetland, du Highland et du Connemara. Il est élevé actuellement dans toute sa pureté. Doté d'un pas très sûr, il s'adapte à tous terrains. Outre les allures courantes, il peut être facilement dressé à aller à l'amble et au trot.

---

134 GOTLAND

Race Gotland (Skogsruss, Poney Suédois).
Origine Suède.
Aptitudes Selle et trait léger.
Qualités Fort, rustique, sobre, bon trotteur.
Caractère Vif et intelligent mais têtu.
Morphologie Type médioligne, aux formes harmonieuses et élégantes. Hauteur au garrot: 1,22-1,34 m. Poids: 180-200 kg. Robe: bai, bai sombre, noir, alezan, gris, isabelle et souris. Tête petite, profil rectiligne, oreilles petites et larges, œil vif et naseaux larges. Encolure plutôt courte et musclée, ornée d'une abondante crinière; garrot assez relevé, ligne dorso-lombaire plutôt allongée et droite, mais dos un peu faible, croupe oblique, queue abondante et flottante, thorax profond, épaule musclée et correctement inclinée. Membres robustes et bien musclés, articulations solides et tendons détachés, canon long et sabot résistant.
Histoire Descendant d'une race qui existait vraisemblablement sur l'île du même nom depuis les temps préhistoriques, le Gotland ressemble beaucoup au Konik et au Huçul, d'origine analogue. Deux étalons importés à Gotland au siècle dernier ont contribué à lui conférer des formes plus élégantes et harmonieuses. Il est protégé depuis 1954 par l'État suédois, qui favorise sa reproduction à l'état demi-sauvage dans la forêt de Lögsta. Cheval très rustique, il est également connu en Suède sous le nom de Skogsruss (petit cheval de bois) ou encore de Petit Bélier de Bois. Utilisé dans le passé dans les travaux de mines en Belgique et en Grande-Bretagne, il est actuellement apprécié comme cheval de selle ou de trait léger.

135 DARTMOOR

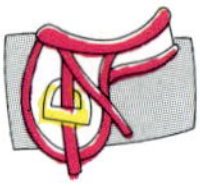

Race Dartmoor.
Origine Grande-Bretagne (Dartmoor, Devon).
Répartition géographique Royaume-Uni et France.
Aptitudes Selle.
Qualités Fort et résistant.
Caractère Tranquille et sensible.
Morphologie Type médioligne, aux formes harmonieuses et racées. Hauteur au garrot : 1,24 m. Robe : bai, bai sombre, noir et gris, rarement alezan : la robe pie n'est pas admise, les marques blanches étendues sont déconseillées. Tête petite, profil rectiligne, front large, toupet abondant, oreilles petites et droites, œil petit. Encolure proportionnée et musclée, ornée d'une abondante crinière; garrot plutôt proéminent; ligne dorso-lombaire correcte, reins larges, croupe ample et un peu oblique, queue bien attachée, longue et fournie, thorax ample et profond, épaule longue et inclinée. Membres solides et fins, musclés, articulations sèches, tendons bien détachés, pied bien fait et pourvu d'un ongle résistant.
Histoire Cette race ancienne vit en liberté dans les landes et marais du Dartmoor, haut plateau du sud-ouest du Devon. On la croisait jadis avec des Shetlands; mais, depuis 1899, la Dartmoor Pony Society veille à préserver l'intégrité de la race et contrôle son enregistrement. Le Dartmoor aurait hérité les formes harmonieuses et racées du Pur-Sang Anglais qui a été utilisé pour améliorer la race. Son bon caractère le rend particulièrement adapté à l'équitation enfantine.

---

136 NEW FOREST

Race New Forest.
Origine Grande-Bretagne (New Forest).
Répartition géographique Royaume-Uni et France.
Aptitudes Selle.
Qualités Plein de bonne volonté.
Caractère Docile.
Morphologie Type médioligne, bien structuré. Hauteur au garrot : 1,22-1,44 m. Robe : toutes, à l'exclusion de pie; les robes les plus fréquentes sont le bai et le bai sombre; marques blanches admises à la tête et aux membres. Tête proportionnée, profil rectiligne, front large et toupet abondant, oreilles de bonne longueur, œil petit et naseaux larges. Encolure pas trop longue et musclée, ornée d'une crinière longue et fournie; garrot proéminent, ligne dorso-lombaire longue et droite, croupe ample et oblique, queue bien attachée, longue et fournie, thorax profond, épaule plutôt longue et inclinée. Membres solides, musclés et fins, articulations larges et sèches, tendons bien détachés, pied bien fait et doté d'un ongle résistant.
Histoire Il vit dans les forêts de la région du même nom, dont Guillaume II le Conquérant fit en 1079 une réserve de chasse. La formation de la race actuelle ne date que de 1800, lorsque la reine Victoria fit introduire sur le territoire des étalons Arabes, puis diverses autres races de poneys : Welsh, Dartmoor, Exmoor et Highland. Les juments sont souvent croisées avec des chevaux de taille courante, afin de produire des sujets aptes au trait léger et au polo, et utiles également dans d'autres sports.

137 FELL

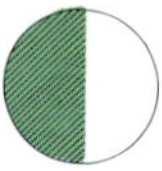

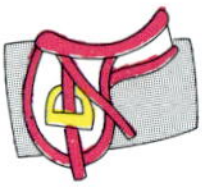

Race Fell.
Origine Grande-Bretagne (Westmorland, Cumberland).
Répartition géographique Royaume-Uni.
Aptitudes Trait léger et selle.
Qualités Robuste et sobre, très résistant à la fatigue.
Caractère Tranquille mais vif.
Morphologie Type médioligne, de formes harmonieuses. Hauteur au garrot : 1,32-1,42 m. Robe : généralement bai, bai sombre, noir et gris; de préférence les robes sans marques blanches, à l'exception d'une petite étoile et d'une trace de balzane. Tête petite, profil rectiligne, oreilles petites et pointues, œil proéminent, vif et brillant, naseaux larges. Encolure proportionnée, musclée et bien attachée; garrot assez relevé, ligne dorso-lombaire longue et droite, reins larges et très forts, croupe un peu courte et oblique, queue longue et fournie, thorax ample et profond, épaule longue et inclinée. Membres solides et musclés, canon rond, paturon pas trop long, fanons touffus, sabot rond et bleuâtre.
Histoire Son nom vient des *Fells*, les crêtes rocheuses du versant ouest des Pennines, dont il est originaire. Il descend de l'*Equus celticus* et, probablement, des étalons que les légionnaires romains amenèrent de la Frise sur l'île. On l'éleva pendant des siècles en tant qu'animal de bât pour transporter les chargements de minerais aux ports d'embarquement, ainsi que dans l'agriculture. Actuellement, il est surtout considéré comme un cheval de selle. De 1900 datent la Fell Pony Society et la National Pony Society; celle-ci lui a consacré une section de son stud-book.

---

138 DALES

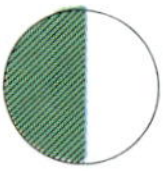

Race Dales.
Origine Grande-Bretagne.
Répartition géographique Grande-Bretagne.
Aptitudes Bât, travaux agricoles et selle.
Qualités Fort et résistant.
Caractère Tranquille et sensible.
Morphologie Type médioligne. Hauteur au garrot : maximum 1,44 m. Robe : noir, bai, bai sombre et gris, avec rares marques blanches. Tête petite, profil rectiligne, front large, toupet abondant, oreilles petites, œil petit et naseaux larges. Encolure pas trop longue mais musclée, ornée d'une abondante crinière; garrot assez proéminent, ligne dorso-lombaire pas très longue et parfois ensellée, reins larges et musclés, croupe ample et oblique, queue attachée plutôt bas, longue et fournie, thorax profond, épaule plutôt droite. Membres longs, musclés, avec des crins aux extrémités, sabot de couleur bleuâtre et résistant.
Histoire Il tire son nom des vallées (*dales*) du versant oriental des Pennines, qui représentent le berceau de la race. Il descend du Poney Celte comme le Fell, dont il se distingue cependant par son aspect plus massif, dû probablement à l'influence, au siècle dernier, du Welsh Cob. Dans le passé, il fut utilisé dans les mines pour transporter le minerai, mais aussi en agriculture. Après une période de déclin avec l'avènement de la motorisation, il retrouve une utilité dans le tourisme équestre.

139 EXMOOR

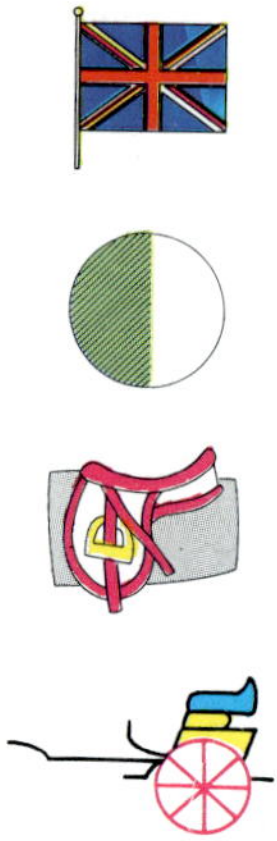

Race Exmoor.
Origine Grande-Bretagne (Devon et Somerset, Exmoor).
Répartition géographique Royaume-Uni.
Aptitudes Selle et trait léger.
Qualités Rapide.
Caractère Tranquille.
Morphologie Type médioligne, aux formes harmonieuses et à la structure solide. Hauteur au garrot : 1,14-1,25 m chez le mâle, 1,24 maximum chez la femelle. Robe : bai, bai sombre et souris, avec bout du nez, ventre et intérieur des cuisses toujours blancs; marques blanches non admises. Tête proportionnée, profil rectiligne, front ample, oreilles petites et pointues, œil expressif et proéminent (de crapaud), naseaux larges. Encolure proportionnée et bien conformée, ornée d'une crinière abondante; garrot proéminent, dos long et un peu ensellé, reins larges, croupe légèrement oblique, queue bien attachée et fournie. Thorax profond, épaule musclée et inclinée. Membres résistants et musclés, avant-bras long et canon court, sabot petit et résistant.
Histoire L'espèce passe pour la plus ancienne race de poneys de Grande-Bretagne. L'Exmoor descendrait selon les uns en droite ligne du cheval sauvage préhistorique utilisé par les Celtes; selon d'autres, il aurait été introduit d'Europe continentale en Cornouailles, quand la Grande-Bretagne n'était pas encore isolée par la mer. Ses saupoudrages blancs sont incontestablement une preuve d'ancienneté. Il vit dans les bruyères sauvages du sud-ouest de l'Angleterre, au climat rigoureux et hostile, qui ont forgé son caractère exceptionnel.

---

140 SHETLAND

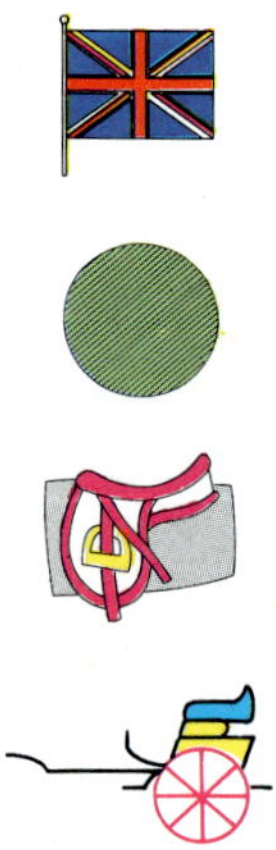

Race Shetland.
Origine Grande-Bretagne (Écosse, îles Orkney et Shetland).
Répartition géographique Le monde entier.
Aptitudes Selle et trait léger.
Qualités Fort et résistant, sobre.
Caractère Vif mais toujours docile.
Morphologie Petit poney médioligne. Hauteur au garrot : 0,90-1,06 m. Poids : 150-180 kg. Robe : toutes, mais surtout pie, alezan, bai et noir. Tête petite mais avec ganaches prononcées, profil rectiligne ou camus, front large, oreilles petites, œil grand, naseaux larges. Encolure courte et musclée, large à la base, crinière fournie et longue; garrot large et pas très proéminent, ligne dorso-lombaire courte et souvent ensellée, reins larges et musclés, croupe courte et arrondie, queue attachée haut, longue et abondante, thorax profond, ventre arrondi, épaule longue et inclinée. Membres courts et robustes, articulations larges, paturon de longueur moyenne, sabot petit, rond et résistant.
Histoire Certains, se basant sur les découvertes des fossiles, le font remonter à l'âge de bronze; selon d'autres, il descendrait des chevaux transportés sur les galions de l'Invincible Armada. Au siècle dernier, on l'envoya dans les mines de charbon; il est utilisé aujourd'hui en horticulture, comme monture (pas toujours fiable) des enfants, ou au trait léger. Aux États-Unis, les conditions différentes d'élevage en ont modifié le type.

141 HACKNEY

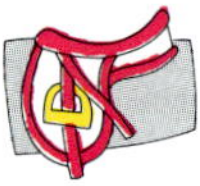

Race Hackney.
Origine Grande-Bretagne.
Aptitudes Trait léger et selle.
Caractère Dynamique.
Morphologie Type médioligne reproduisant en miniature les formes du Hackney. Hauteur au garrot : 1,24-1,44 m. Robe : bai, bai sombre, noir, gris, rouan; marques blanches admises. Tête légère et allongée, profil rectiligne ou légèrement moutonné, oreilles petites et pointues, œil vif. Encolure rouée et musclée, bien attachée; garrot plutôt relevé, ligne dorso-lombaire courte et droite, croupe longue et arrondie, queue souvent taillée, attachée haut, thorax ample et profond, épaule inclinée et musclée. Membres fins mais résistants, articulations larges et sèches, canon long, tendons bien détachés, pied bien fait et pourvu d'un ongle résistant. Quand l'animal est à l'arrêt, les postérieurs sont portés à l'arrière (droit sur les jarrets).
Histoire La race, qui remonte au XIXe siècle, a été définitivement fixée en 1880. À son élaboration ont concouru le Hackney, le Fell et le Poney de Galles, responsable de sa taille. La race fut créée pour obtenir un poney convenant au trait léger, mais ce petit animal est également un bon sujet de selle; habile au saut, il convient particulièrement aux jeunes cavaliers. Ne disposant pas d'un stud-book, il est enregistré dans celui du Hackney.

---

142 WELSH MOUNTAIN PONY

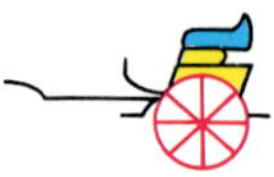

Race Welsh Mountain Poney (Poney des montagnes galloises).
Origine Grande-Bretagne (Galles).
Aptitudes Selle et trait léger.
Qualités Résistant, sûr et élégant dans ses mouvements.
Caractère Vif et intelligent.
Morphologie Type médioligne auquel est réservée la section A du Welsh Pony Stud-Book. Hauteur au garrot : maximum 1,22 m. Robe : toutes (gris, bai sombre et alezan), à l'exception de pie. Très belle tête proportionnée et bien attachée, profil rectiligne ou légèrement camus, front large, oreilles petites et pointues, œil grand et expressif, naseaux larges et proéminents. Encolure bien conformée et bien attachée, plutôt rouée et ornée d'une crinière flottante; garrot relevé, ligne dorso-lombaire droite, croupe légèrement oblique, queue attachée haut et portée avec élégance, thorax profond, épaule longue, inclinée et musclée. Membres résistants et dotés d'une bonne musculature, articulations larges et sèches, avant-bras long, pied petit et arrondi, pourvu d'un ongle solide.
Histoire Il évoque l'Arabe en miniature, révélant un même apport de sang oriental. Jules César aurait en effet favorisé le croisement de poneys locaux avec des chevaux venus d'Orient et fondé dans ce but un élevage à Lake Bata. Ce poney possède un port racé et une action fluide et brillante.

143 WELSH PONY

Race Welsh Pony (Poney Gallois).
Origine Grande-Bretagne (Galles).
Répartition géographique Le monde entier.
Aptitudes Selle et trait léger.
Qualités Résistant, action splendide.
Caractère Tranquille mais énergique.
Morphologie Type médioligne auquel est réservée la section B du Welsh Pony Stud-Book, dans lequel sont admis les sujets dont la hauteur au garrot est comprise entre 1,23-1,34 m. Robe: toutes (bai, bai sombre, noir, gris, alezan, rouan), à l'exception de pie. Il reproduit les formes du poney Welsh Mountain.
Histoire On l'appelle aussi Galloway, du nom d'une race de poneys de taille moyenne, désormais éteinte, qui existait au XVIIe siècle en Écosse; il était élevé dans la région du même nom, où il était très apprécié. Le Poney Gallois résulte d'une sélection de Welsh Mountain (section A) mais a bénéficié d'un apport de sang Hackney plus important. Vers la fin du XIXe siècle et au début du XXe siècle, on introduisit dans la zone d'élevage un Pur-Sang Anglais de petite taille du nom de *Merlin,* qui aurait influé sur la formation du Poney Gallois; d'où l'appellation de « Merlins » attribuée également aux sujets inscrits dans la section B. Le Poney Gallois possède une action fluide et énergique, aussi bien au trot qu'au galop.

---

144 WELSH PONY TYPE COB

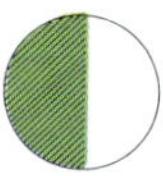
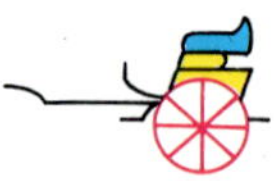

Race Welsh Pony type Cob.
Origine Grande-Bretagne (Galles).
Aptitudes Trait léger et selle.
Qualités Coopératif et résistant.
Caractère Énergique et vif.
Morphologie Type médioligne; ce poney possède la conformation typique du « Cob » avec des membres plus courts et une structure plus robuste. Hauteur au garrot: 1,34 m maximum. Robe: les mêmes que celles du Welsh Mountain. Il lui est réservé la section C du Welsh Pony Stud-Book. Tête type poney, profil rectiligne (une grosse tête avec un profil convexe est criticable), oreilles bien attachées, yeux proéminents et écartés, regard vif. Encolure longue et bien portée, plutôt maigre chez la jument; garrot un peu relevé, ligne dorso-lombaire courte et un peu ensellée; dos et reins forts et musclés, croupe arrondie, queue bien attachée, thorax ample et profond, ventre soutenu, épaule forte, longue et inclinée. Membres courts et peu poilus, avant-bras long, paturon correctement incliné, pied bien fait et doté d'un ongle résistant.
Histoire Dérivé également du Welsh Mountain, il bénéficie toutefois d'un apport de sang Hackney plus important. Il est capable de porter en selle des écuyers plus lourds, même sur des terrains accidentés et durs; mais il est essentiellement apte au trait léger. Dans ces deux utilisations, il témoigne d'une action énergique et vigoureuse, héritée du Hackney.

145 HIGHLAND

Race Highland.
Origine Grande-Bretagne (Écosse).
Répartition géographique Grande-Bretagne et France.
Aptitudes Selle, bât, trait léger, travaux agricoles.
Qualités Fort et résistant, excellent en montagne.
Caractère Docile et sensible.
Morphologie Type médioligne bien structuré; la variété des îles Hébrides a une stature comprise entre 1,24 et 1,44 m; pour le Mainland, la limite maximum prévue par le standard est de 1,44 m. Robe: gris, isabelle, souris, bai, bai sombre, noir et alezan brûlé (avec crinière et queue argentées). Tête proportionnée, profil rectiligne ou légèrement moutonné, oreilles petites et œil expressif. Encolure assez longue, large à la base et musclée, ornée d'une abondante crinière; garrot plutôt large et proéminent, ligne dorso-lombaire correcte, dos court, reins forts, croupe musclée, large et un peu oblique, queue longue et fournie, thorax ample et profond, épaule inclinée et musclée. Membres solides et musclés, couverts de crins à la partie inférieure, articulations larges et sèches, canon court, paturon pas trop court, pied proportionné et pourvu d'un ongle résistant.
Histoire Il remonterait à l'ère glaciaire, comme en témoignent certaines variétés de robes à raie de mulet, mais ses formes trahissent un apport de sang Arabe. Appelé aussi Garron, il est considéré aujourd'hui comme le prototype de la race. On l'emploie traditionnellement à la chasse au cerf en montagne.

---

146 RIDING PONY

Race Riding Pony.
Origine Grande-Bretagne.
Répartition géographique Grande-Bretagne.
Aptitudes Selle.
Qualités Bon sauteur.
Caractère Tranquille mais énergique.
Morphologie Poney de type longiligne, aux formes harmonieuses, dont il existe trois variétés: petite (jusqu'à 1,24 m), moyenne (1,25-1,34 m), grande (1,35-1,44 m). Robe: toutes; marques blanches admises à la tête et aux membres. Tête légère, profil rectiligne, oreilles petites et grands yeux écartés. Encolure longue et bien conformée; garrot bien détaché et haut, ligne dorso-lombaire droite, dos de longueur moyenne, croupe musclée et arrondie, queue bien attachée, thorax ample et profond, épaule bien inclinée. Membres solides et secs, articulations larges, canon court, pied bien fait, pourvu d'un ongle résistant.
Histoire Race de création récente, obtenue par croisement de Pur-Sang Anglais et Arabes avec des juments appartenant à des races de poneys locales: Welsh, Dartmoor et Exmoor. De ce poney dérive le Working Hunter Pony, qui s'en différencie par certains détails morphologiques qui lui ont permis d'améliorer ses performances. La race possède son stud-book.

147 CONNEMARA

Race Connemara.
Origine Irlande.
Aptitudes Selle et travaux agricoles.
Qualités Fort et résistant, bon sauteur.
Caractère Docile.
Morphologie Type médioligne. Hauteur au garrot: 1,32-1,44 m. Robe: gris, bai, bai sombre, noir, isabelle (avec souvent raie de mulet), souris; le rouan et l'alezan sont exceptionnels. Tête petite, profil rectiligne, oreilles petites, œil grand et naseaux larges. Encolure bien conformée, ornée d'une riche crinière; garrot assez relevé, ligne dorso-lombaire longue et droite, croupe musclée et un peu oblique, queue longue et fournie, thorax ample et profond, épaule longue et inclinée. Membres résistants et musclés, articulations sèches, canon long, tendons bien détachés, pied bien fait. Aplombs corrects.
Histoire Il a une similitude d'origine avec le Highland et, comme celui-ci, a bénéficié d'apports de sang Arabe; mais le Connemara fut également influencé par le Cheval Espagnol et, plus récemment, par le Pur-Sang Anglais; dans une certaine mesure aussi, par le Fjord. En Irlande, il vit à l'état sauvage, dans les landes du comté de Connemara; transféré dans des pâturages plus riches, il a tendance à grandir, en même temps que sa structure s'écarte du type original. Le stud-book de la race a été institué en 1924. Utilisé dans le passé dans les travaux agricoles, il bénéficie aujourd'hui des efforts des éleveurs, qui se concentrent sur le type poney de selle, convenant au tourisme équestre. Croisé avec des chevaux de taille normale, il produit de brillants sauteurs.

---

148 CAMARGUAIS

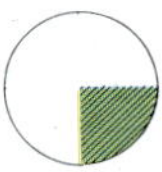

Race Camarguais.
Origine France (Camargue).
Répartition géographique France (Camargue).
Aptitudes Selle et trait.
Qualités Rustique et résistant.
Caractère Tranquille.
Morphologie Type médioligne. Hauteur au garrot: 1,33-1,43 m. Poids: 300-400 kg. Robe: gris, rarement bai et bai sombre. Tête un peu grande, avec ganaches prononcées; profil rectiligne ou convexe, front large, oreilles courtes mais larges, œil grand et expressif. Encolure plutôt courte et musclée, large à la base avec abondante crinière hirsute; garrot assez prononcé, ligne dorso-lombaire droite, reins plutôt longs et flancs développés, croupe oblique, queue fournie et flottante, thorax ample, épaule droite et plutôt courte. Membres solides, articulations sèches, avant-bras et jambe longs, pied pourvu d'un ongle résistant.
Histoire Il descend, croit-on, du Cheval de Solutré. Apprécié par Jules César, il a bénéficié d'apports de sang Arabe ou Barbe. Il a gardé son type d'origine malgré les croisements effectués au XIXe siècle avec l'Arabe, mais aussi le Pur-Sang Anglais, l'Anglo-Arabe et le Postier-Breton. Le Camarguais vit à l'état sauvage en Camargue, dans le delta du Rhône. Il est utilisé par les gardians pour surveiller les taureaux sauvages. La race, qui a bien failli s'éteindre vers 1950, est répertoriée depuis 1968 dans un stud-book.

149 LANDAIS

Race Landais.
Origine France (Landes).
Aptitudes Selle et trait léger.
Qualités Rustique, résistant aux mauvaises conditions atmosphériques et sobre.
Caractère Intelligent mais plutôt indépendant.
Morphologie Type médioligne. Hauteur au garrot: 1,15-1,33 m. Robe: bai, bai sombre, noir, alezan. Tête petite, profil rectiligne, front ample, oreilles petites et pointues, grands yeux écartés. Encolure plutôt longue, large à la base et ornée d'une riche crinière; garrot relevé, ligne dorso-lombaire droite. Dos court et large, croupe courte et oblique, thorax pas trop développé, ventre rond, épaule bien inclinée. Membres solides et robustes, sabot résistant.
Histoire La race, originaire des environs des «barthes» de l'Adour, dans le sud-ouest de la France, comprend aujourd'hui le Barthais, jadis considéré comme une race à part, plus lourde et légèrement plus haute. Certains, se basant sur les peintures rupestres de la grotte de Lascaux, font remonter le Landais au cheval préhistorique. Il aurait, en outre, reçu des apports de sang Arabe déjà à l'époque de la bataille de Poitiers (732) et, plus sûrement, entre 1900 et 1913. Au début du siècle, on en comptait deux mille têtes, mais il devient de plus en plus difficile de trouver des sujets de race pure, la race ayant été abâtardie par des croisements effectués avec d'autres chevaux en 1946, pour la rendre plus lourde. On cherche aujourd'hui à la reconduire, à travers des étalons Welsh ou Arabes, au modèle original.

---

150 MÉRENS

Race Mérens (Ariège).
Origine France (Ariège).
Répartition géographique France.
Aptitudes Travaux agricoles, bât et selle.
Qualités Rustique et fort, adapté à la montagne.
Morphologie Type médioligne. Hauteur au garrot: 1,33-1,45 m. Poids: 350-500 kg. Robe: noir uniquement. Tête racée et expressive, légère, profil rectiligne, front large sur lequel retombe un toupet abondant, oreilles petites, œil vif. Encolure plutôt courte et large à la base, et ornée d'une riche crinière; garrot pas très relevé, ligne dorso-lombaire droite, dos long et fort, croupe bien musclée et oblique, queue longue et fournie, poitrine ample et thorax profond, ventre assez soutenu, épaule plutôt droite. Membres courts mais proportionnés, bonnes articulations, tendons secs, pied bien fait avec ongle résistant. Souvent jarret de vache.
Histoire Race très ancienne, marquée du cachet oriental. La sélection a commencé après 1908. Jadis considéré comme cheval de bât, spécialisé dans le transport du bois et du minerai, le Mérens dépendait étroitement de l'économie agricole de la région. Après l'avènement de la motorisation, il a été affecté à des tâches diverses, dont l'équitation sportive en montagne. Ses formes évoquent le Dales. Le stud-book de la race, institué en 1948, est tenu par le Syndicat d'élevage du Cheval de Mérens.

151 PONEY DE SELLE FRANÇAIS

Race Poney de Selle Français.
Origine France.
Répartition géographique Europe.
Aptitudes Selle et trait léger.
Qualités Bon sauteur.
Caractère Tranquille mais énergique.
Morphologie Type longiligne. Hauteur au garrot: 1,24-1,44 m. Robe: toutes. Tête petite, profil rectiligne et légèrement convexe, oreilles de grandeur moyenne, œil vif. Encolure longue et bien conformée; garrot proéminent; ligne dorso-lombaire droite, croupe oblique, queue bien attachée, thorax ample et profond, ventre rentré, épaule longue et inclinée. Membres solides, articulations larges et sèches, tendons bien détachés, pied proportionné et doté d'un ongle résistant.
Histoire Ce poney, aux origines récentes, a été créé dans le même but que le Riding Horse anglais. Sa formation est le résultat du croisement de juments sélectionnées, appartenant à des races de poneys locales, avec des étalons Arabes, Connemara, New Forest et Welsh. À noter que peut être Poney de Selle Français le poulain issu d'un étalon Arabe croisé avec des juments Connemara, New Forest et Welsh, ou d'un étalon de Selle Français, Connemara ou New Forest croisé avec des juments Mérens, Pottok ou landaises. Le Poney de Selle Français peut s'aligner avec succès en compétition, de même qu'il donne d'excellents résultats dans le trait léger.

---

152 GALAICO-ASTURIANO

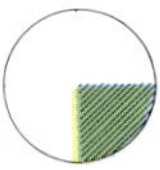

Race Galaico-asturiano (Asturcon).
Origine Espagne (Galicie et Asturies).
Aptitudes Selle et travaux agricoles.
Qualités Rustique et sobre.
Caractère Docile et maniable.
Morphologie Type médio-longiligne. Hauteur au garrot: 1,15-1,30 m. Robe: bai sombre ou noir, sans marques blanches, à l'exception d'une petite étoile sur le front. Tête pas très grande et plutôt lourde, profil rectiligne (ou légèrement concave), oreilles petites, œil grand et vif. Encolure de longueur moyenne et ornée d'une abondante crinière; garrot modérément relevé, ligne dorso-lombaire droite, croupe oblique, queue attachée bas, thorax profond, ventre rond, épaule droite. Membres résistants, articulations larges, canon court, pied proportionné, ongle résistant.
Histoire Descendant probable du Poney Celte, il vit actuellement à haute altitude dans certaines montagnes des Asturies comme la Sierra de Sueve, le noyau le plus important étant toutefois concentré dans la partie occidentale des Asturies. Ayant bien failli s'éteindre faute de soins et en raison des difficiles conditions d'existence, il a survécu grâce à sa rusticité et à son habileté à se procurer de la nourriture dans des lieux inaccessibles aux chevaux de plus haute taille. L'hiver, sa robe est longue et fournie, prenant une teinte plus claire, ce qui lui confère un aspect rustique et sauvage. En 1981 a été fondée la Asociacion de Criadores de Caballos Asturcones.

153 POTTOK

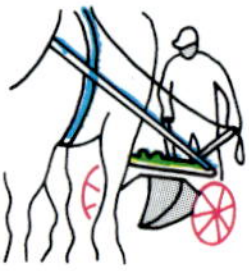

Race Pottok (Basque-Navarrais, Poney des Provinces Basques).
Origine Espagne (Provinces basques et Navarre).
Répartition géographique Espagne et France.
Aptitudes Selle, travaux agricoles, trait léger.
Qualités Résistant et robuste; rustique et prolifique; bon sauteur.
Caractère Tranquille mais énergique.
Morphologie Type médioligne. Hauteur au garrot: 1,20-1,32 m. Robe: bai sombre ou noir, mais aussi bai, alezan et pie (plus rare). Tête proportionnée et sèche, profil un peu concave ou rectiligne, oreilles pas très petites, œil grand et expressif, naseaux larges, lèvre supérieure pendante et ornée d'une gracieuse moustache. Encolure courte, de cerf, bien attachée et ornée d'une crinière fournie mais hirsute; garrot haut, ligne dorso-lombaire longue et droite, croupe arrondie, queue longue et abondante, thorax ample, côtes arrondies, épaule plutôt droite. Membres secs et résistants, sabot petit et bien fait. Membres postérieurs souvent de vache.
Histoire Descendant probable du Cheval de Solutré, il aurait servi de monture aux Wisigoths. Mâtiné de sang oriental, il a, dit-on, participé à la formation du Tarbais. Le Pottok («de stature réduite», en basque) fait partie intégrante du patrimoine culturel basque. Il vit à l'état sauvage dans un milieu inhospitalier; l'hiver, il se nourrit de plantes épineuses et arbore en guise de protection une moustache qui disparaît quand il varie son alimentation. C'est un animal convenant au tourisme, notamment de montagne.

---

154 SORRAIA

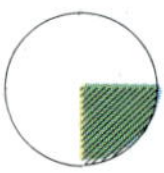

Race Sorraia.
Origine Portugal.
Répartition géographique Espagne et Portugal.
Aptitudes Selle et bât.
Qualités Résistant et sobre.
Caractère Indépendant mais maniable.
Morphologie Type médio-longiligne. Hauteur au garrot: 1,24-1,32 m. Robe: isabelle, gris et louvet, avec zébrures aux membres et présence de raie de mulet. Tête plutôt grande, profil rectiligne ou légèrement convexe, oreilles longues, aux extrémités noires. Encolure longue et fine, mais attache et conformation médiocres; garrot assez haut, ligne dorso-lombaire droite, croupe un peu oblique, queue attachée bas, thorax peu développé, épaule peu musclée et plutôt droite. Membres longs et solides, paturon long et pied proportionné.
Histoire Il est originaire des régions occidentales de la péninsule Ibérique, traversées par le fleuve Sorraia et ses affluents. Les déséquilibres du milieu et de l'assiette du territoire ont considérablement réduit le nombre des exemplaires encore existants. Les origines de ce poney sont très anciennes si l'on considère ses affinités et sa ressemblance avec le Tarpan et le Cheval Sauvage de Mongolie.

155 GARRANO

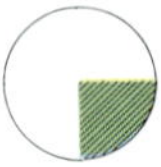

Race Garrano (Minho).
Origine Portugal (Minho et Tras os Montes).
Répartition géographique Portugal.
Aptitudes Selle, bât, travaux agricoles.
Qualités Fort et résistant.
Caractère Docile et tranquille.
Morphologie Type médioligne. Hauteur au garrot: 1,02-1,22 m. Robe: alezan. Tête pas très grande mais plutôt lourde, profil rectiligne, oreilles petites, œil grand et vif. Encolure plutôt longue; garrot pas trop élevé, ligne dorso-lombaire pas toujours correcte, croupe oblique, queue attachée bas, thorax profond, ventre rond, épaule droite. Membres robustes et résistants, articulations larges, canon court, pied proportionné, doté d'un ongle résistant.
Histoire Le berceau de la race est représenté par les régions portugaises de Minho et de Tras os Montes, à la frontière de l'Espagne, sur la rive du fleuve Minho. C'est une race très ancienne, comme en témoignent les peintures rupestres découvertes dans les grottes remontant au Paléolithique. Le Garrano a traversé des siècles sans guère subir de modifications. À une époque plus récente, il a incontestablement subi des apports de sang Arabe, mais qui ne semblent pas l'avoir marqué. Au XVIe siècle, il a donné naissance en Amérique du Sud au Galiceño, après avoir concouru à la formation de l'Andalou. Il n'y a pas très longtemps encore, il était utilisé dans la région d'origine dans des courses de trot traditionnelles à l'occasion de fêtes populaires.

---

156 BARDIGIANO

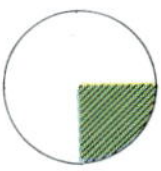

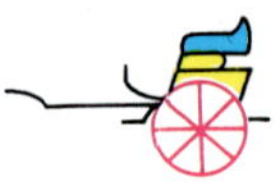

Race Bardigiano.
Origine Italie (Bardi).
Aptitudes Selle, travaux agricoles, trait moyen-lourd.
Qualités Robuste et résistant.
Caractère Tranquille et docile, mais assez nerveux.
Morphologie Type médioligne. Hauteur au garrot: 1,35-1,45 m (pas inférieure à 1,37 m chez le mâle). Robe: bai, bai sombre et noir; sont exclus l'alezan ou le bai trop clair, et le bai avec une liste trop étendue sur le côté; tolérées, les balzanes pas trop chaussées et l'étoile pas trop étendue. Tête petite, profil rectiligne ou camus, front large, toupet abondant, oreilles courtes et droites, œil expressif. Encolure de bonne longueur et large à la base (mieux si elle est rouée et ornée d'une crinière abondante); garrot large mais pas trop relevé, dos de longueur moyenne et droit, reins courts et amples, croupe large et modérément oblique, queue longue, fournie et bien attachée, poitrine large, profonde et musclée. Thorax ample et profond, ventre sec, épaule très musclée, de bonne longueur et correctement inclinée. Membres pas très longs, articulations larges et sèches, avant-bras de bonne longueur, cuisse musclée et arrondie, canon et paturon courts, sabot large, ongle de préférence noir et dur.
Histoire Il descendrait du Cheval de la Gaule Belge, parvenu sur l'Apennin émilien avec les invasions barbares. Par son aspect et sa stature, il rappelle l'Anglais Dales et le Français Ariège. Il a son utilité dans le tourisme équestre. L'arbre généalogique a été institué en 1977.

157 AVELIGNESE

Race Avelignese.
Origine Italie (Avelengo, dans le Val Venosta).
Répartition géographique Italie (en dehors du Haut-Adige, il est représenté un peu partout, même en Sardaigne et en Sicile), Allemagne, Autriche, Suisse (à Thoune et à Saint-Gall); on signale des élevages dans cinq continents et 31 nations; en Italie, on en compte 12 500 têtes dont 5 751 dans la zone d'origine; en Bavière et en Autriche, il est élevé sous le nom de Haflinger (traduction en langue allemande de Avelengo).
Marque À feu, représentée par la fleur nationale, l'edelweiss, avec en son centre les lettres HI pour l'Italie et H pour l'Autriche.
Aptitudes Trait moyen-lourd, travaux agricoles, selle, bât.
Qualités Résistant à la fatigue et aux privations; rustique et sobre.
Caractère Tranquille et docile, très fiable.
Morphologie Type médioligne. Hauteur au garrot: 1,30-1,42 m (mâle) et 1,28-1,40 m (femelle). Poids: environ 450 kg. Splendide robe alezane (parfois rubican), de préférence dorée, avec toupet, crinière et queue plus clairs, listes fréquentes, balzanes plus rares. Tête plutôt légère, sèche et expressive, profil légèrement camus, front large, toupet abondant, œil vif, oreilles petites et mobiles, lèvres fines, canal sous-maxillaire ouvert et sec. Encolure pyramidale et musclée, bien attachée et ornée d'une crinière séduisante; garrot modérément relevé et sec, plutôt large, dos large et court, musclé et bien droit (parfois un peu ensellé), reins courts et arrondis, assez larges (de préférence doubles), croupe très musclée et modérément inclinée, queue attachée un peu bas, longue et flottante; poitrine ample et musclée, thorax haut et large, côtes arquées et arrondies, ventre bien conformé et soutenu, épaule bien inclinée, musclée et souple. Membres courts, articulations larges et résistantes, avant-bras robuste, cuisse musclée, jarret sec, net et bien droit, canon court et sec, paturon court, pied bien fait, sabot sain et résistant; aplombs corrects.
Histoire Ses origines sont confuses, mais incontestablement fort anciennes, les traces les plus lointaines remontant au Moyen Âge. Il descendrait en effet d'un étalon que Louis IV de Bavière fit venir du royaume des Bourguignons pour le donner à son fils, le margrave Louis de Brandebourg, à l'occasion de son mariage avec Marguerite Maultasch, princesse du Tyrol. Cet étalon aurait donné naissance à un type de cheval robuste, de stature plutôt réduite, de conformation proche de celle de l'Avelignais actuel. D'autres le font descendre des chevaux abandonnés dans les vallées du Tyrol par les Ostrogoths fuyant les troupes byzantines après la capitulation de Conza (555 ap. J.-C.); ainsi s'expliquerait son haut pourcentage de sang oriental. La première hypothèse paraît la plus plausible, même si un document de l'époque atteste l'existence au sud des Alpes d'une race chevaline légère ressemblant à la race orientale, apte au trait et à la selle; à partir de ce cheval et à l'aide de croisements appropriés on parvient à fixer peu à peu les caractères de la race actuelle. L'influence Arabe de l'Avelignais s'est trouvée confirmée plus récemment par l'apport de sang oriental vers la moitié du XIXe siècle. En effet, le vrai chef de lignée de la race actuelle est l'étalon *Folie*, né dans le Val Venosta en 1874 d'une jument locale couverte par l'étalon Arabe *El Bedavi XXII*. Par ailleurs, la tête de l'Avelignais trahit ses origines. Son bon caractère en fait la monture idéale des enfants et des débutants et l'un des animaux de promenade les plus recherchés.

158 CHEVAL DE LA GIARA

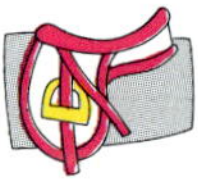

Race Cheval de la Giara.
Origine Italie (Sardaigne).
Répartition géographique Italie (Sardaigne, haut plateau de la Giara, communes de Gesturi, Tuili, Genoni, Setzu dans la province de Nuoro).
Aptitudes Travaux agricoles et selle.
Qualités Rustique, résistant, agile.
Caractère Vif et nerveux mais peu maniable, rebelle.
Morphologie Type médioligne. Hauteur au garrot : 1,25-1,27 m chez la jument, 1,28-1,32 m chez le mâle. Poids : 170-220 kg. Robe : bai, bai sombre, noir et alezan brûlé. Tête carrée, ganaches lourdes, profil rectiligne ou légèrement moutonné, front recouvert d'un abondant toupet. Encolure forte et ornée d'une riche crinière; tronc ramassé, proche du sol, garrot pas trop relevé, dos légèrement roué, croupe oblique, queue attachée bas, épaule assez inclinée. Membres fins, cuisse peu musclée, canon long et fin, paturon long, pied petit mais sain. Fréquents défauts d'aplomb (jarrets de vache).
Histoire Ses origines, assez obscures, sont cependant indubitablement anciennes, sa présence étant attestée avec certitude en 1845. Il vit en Sardaigne sur un haut plateau situé à 600 m au-dessus du niveau de la mer, caractérisé par une structure géologique qui ne représente pas le substrat idéal au développement d'une quelconque forme animale. Il vit à l'état sauvage, se nourrissant d'une végétation épaisse mais buissonneuse, avec de maigres pâturages, abondants seulement à la fin du printemps.

---

159 BOSNIEN

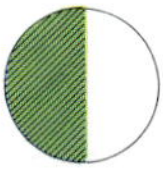
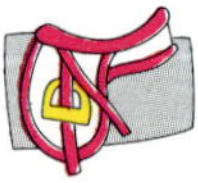

Race Bosnien.
Origine Yougoslavie (Bosnie-Herzégovine).
Répartition géographique Yougoslavie.
Aptitudes Selle, bât, travaux agricoles, trait léger.
Qualités Sobre, tenace, résistant.
Caractère Docile.
Morphologie Type médioligne. Hauteur au garrot : 1,25-1,42 m. Robe : bai, bai sombre, noir, gris, alezan, isabelle. Tête lourde, profil rectiligne, toupet abondant et oreilles petites. Encolure plutôt courte et musclée, ornée d'une riche crinière, garrot pas très relevé, ligne dorso-lombaire droite, croupe légèrement oblique, poitrine large, thorax large et profond, épaule longue et inclinée. Membres courts et musclés, articulations larges et sèches, tendons résistants, pied bien fait.
Histoire Il descendrait du Tarpan, comme en témoigne sa nette ressemblance avec le Huçul. Ses formes nobles donnent à penser qu'il aurait bénéficié d'une influence de sang oriental. L'État gère directement les étalons, n'autorisant que la vente de juments aux particuliers. Cet intérêt s'explique par l'importance du poney en agriculture et sous l'angle de ses origines.

160 PINDOS

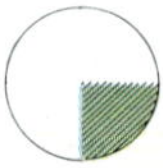

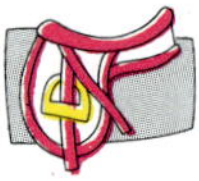

Race Pindos.
Origine Grèce (Thessalie et Épire).
Répartition géographique Grèce (Thessalie et Épire).
Aptitudes Travaux agricoles légers, bât, selle, trait léger.
Qualités Résistant à la fatigue.
Caractère Tranquille.
Morphologie Type médioligne, tendant au médio-longiligne, aux formes ramassées et harmonieuses. Hauteur au garrot : 1,21-1,32 m. Robe : bai, noir, gris. Tête proportionnée et bien attachée, profil rectiligne ou légèrement convexe, front large. Encolure longue et bien attachée; garrot peu relevé, ligne dorso-lombaire courte et droite, croupe oblique, thorax ample, épaule assez musclée et bien droite. Membres longs, aplombs corrects.
Histoire Cette race très ancienne a incontestablement bénéficié d'un apport de sang oriental. Le berceau de la race est représenté par les régions plus ou moins montagneuses de l'Épire et de la Thessalie, où aujourd'hui encore il est affecté aux travaux agricoles légers ainsi qu'au bât et à la selle. On emploie souvent les juments de cette race à la production de mulets par croisement avec l'âne.

---

161 SKYROS

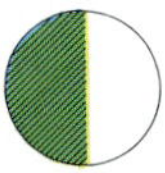

Race Skyros.
Origine Grèce (île de Skyros).
Répartition géographique Grèce.
Aptitudes Selle, bât, travaux agricoles légers.
Qualités Sûr et fiable.
Caractère Tranquille.
Morphologie Type médioligne, pas très beau d'aspect. Hauteur au garrot : 0,94-1,12 m. Robe : gris, bai, bai sombre ou isabelle. Tête petite mais mal attachée, profil rectiligne, front large, oreilles et œil petits. Encolure courte et épaisse, attache pas très belle; garrot peu élevé, ligne dorso-lombaire courte et droite, croupe peu développée et oblique, queue attachée bas, thorax peu développé, épaule mal conformée et droite. Membres fins, aplombs souvent défectueux (jarrets de vache fréquents).
Histoire Son aspect évoque le Tarpan; ce qui fait penser à des origines très anciennes. Le berceau de la race est l'île de Skyros. Ce poney, pas particulièrement beau, est incontestablement l'une des rares races de poneys qui aient gardé intact le type d'origine. On l'emploie sur l'île surtout comme animal de bât. Les sujets transplantés hors de l'île et élevés selon des critères différents peuvent s'améliorer sur le plan esthétique et servir de montures aux jeunes enfants.

162 PÉNÉE

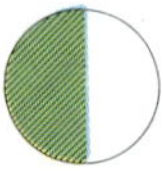

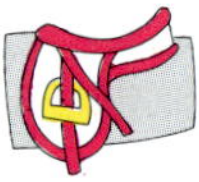

Race Pénée.
Origine Grèce (province de Pénée, dans le Péloponnèse).
Répartition géographique Grèce.
Aptitudes Bât, selle, trait léger, travaux agricoles légers.
Qualités Coopératif, sobre, résistant.
Caractère Tranquille.
Morphologie Type médioligne aux lignes gracieuses. Hauteur très variable : 1,04-1,43 m. Robe : bai, noir, alezan et gris, ainsi que d'autres variétés. Tête proportionnée, profil un peu moutonné, oreilles petites. Encolure proportionnée et bien attachée; garrot peu proéminent; ligne dorso-lombaire courte et droite, croupe oblique, queue attachée bas, thorax ample et assez profond, épaule musclée et correctement inclinée. Membres longs, pied petit et pourvu d'un ongle résistant.
Histoire Ses origines sont confuses mais ses formes nobles trahissent une certaine influence Arabe. Il résulterait en effet des croisements réalisés au début du siècle entre juments locales et étalons Arabes. Dans son pays d'origine, il est surtout employé comme cheval de somme; c'est un animal plein de bonne volonté et infatigable, aussi le mâle est-il souvent affecté à la production de bardots.

---

163 VIATKA

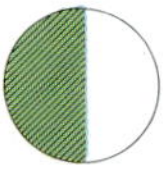

Race Viatka.
Origine Union soviétique (États baltes).
Répartition géographique Union soviétique.
Aptitudes Travaux agricoles et trait léger.
Qualités Vif et rapide.
Caractère Tranquille mais énergique et plein de bonne volonté.
Morphologie Type médioligne. Hauteur au garrot : 1,32-1,42 m. Robe : bai, gris, rouan, souris, isabelle et louvet, les trois dernières présentant parfois la raie de mulet et des zébrures aux membres, avec queue et crinière noires. Tête pas très grande, avec ganaches plutôt lourdes, profil légèrement camus, toupet abondant retombant sur le front, oreilles de grandeur moyenne et bien écartées, œil vif et brillant, naseaux larges, attache médiocre. Encolure de longueur moyenne, large et musclée, crinière longue et fournie; garrot modérément relevé et large, ligne dorso-lombaire longue et droite, croupe musclée et plutôt oblique, queue attachée un peu bas, mais fournie et flottante; thorax ample et profond, ventre soutenu, épaule inclinée et musclée. Membres solides, musclés, articulations larges et sèches, canon plutôt court, tendons résistants, paturon long et sabot bien fait.
Histoire Il descend de l'ancien Klepper et du Konik. C'est un animal solide, utilisé pour les travaux agricoles et le trait des troïkas. Son allure, sans ampleur, est en revanche efficace sur les terrains alourdis par la neige. Actuellement, l'État soviétique contrôle rigoureusement la race.

164 KAZAKH

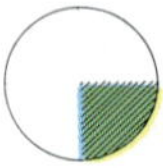

Race Kazakh.
Origine Union soviétique (Kazakhstan).
Répartition géographique Union soviétique (Kazakhstan).
Aptitudes Selle.
Qualités Sobre, résistant, grand fond.
Caractère Tranquille, coopératif.
Morphologie Type médioligne. Hauteur au garrot: 1,24-1,35 m. Élevé dans plusieurs versions: le Dzhabe, à la robe baie ou alezan brûlé, mais aussi bai sombre, noire, grise ou souris, caractérisé par une grosse tête et une encolure plutôt courte; l'Adaev, à la robe souvent baie, grise, isabelle et alezane, avec une tête légère, un corps petit et ramassé, un garrot proéminent et un dos droit.
Histoire Il évoque le poney Mongol, bien qu'il ait été amélioré par un apport appréciable de sang de Cheval du Don. Sa rusticité est proverbiale: il est capable de se procurer sa nourriture jusque dans les régions proches du désert ou fortement enneigées. Le Dzhabe est très résistant au froid et à la fatigue, tandis que le type Adaev, amélioré par l'apport de sang Akhal-Téké, Jomud et Karabair, l'est un peu moins.

---

165 ZEMAITUKA

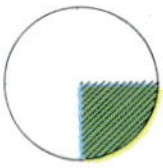

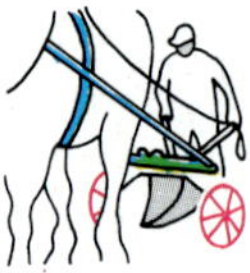

Race Zemaituka (Pechora).
Origine Union soviétique (Lituanie).
Aptitudes Travaux agricoles et trait léger.
Qualités Sobre et très résistant à la fatigue.
Caractère Tranquille mais énergique et coopératif.
Morphologie Type médioligne. Hauteur au garrot: 1,33-1,35 m. Robe: bai, bai sombre, noir, souris, louvet et isabelle; les trois dernières souvent avec raie de mulet. Tête de grosseur moyenne et plutôt grossière, profil rectiligne, front large, oreilles petites, œil expressif, mais attache médiocre, encolure de longueur moyenne, large et musclée; garrot bas, également de longueur moyenne, ligne dorso-lombaire courte et droite, croupe oblique, queue attachée bas, thorax profond, épaule droite et musclée. Membres courts et modérément musclés, articulations, surtout aux jarrets, plutôt faibles, paturon de bonne longueur et correctement incliné, pied bien fait et pourvu d'un ongle résistant.
Histoire La présence fréquente des robes ancestrales caractéristiques à raie de mulet témoigne des origines anciennes de la race qui descendrait du Cheval Sauvage de Mongolie. C'est un poney peu attrayant, et l'on a peine à croire qu'il ait bénéficié d'apports de sang Arabe. Certes, les conditions de vie l'ont rendu fort et exceptionnellement sobre, résistant au froid et à la fatigue, et ce, au détriment de ses qualités esthétiques, d'autant qu'il s'est toujours montré rebelle à toute tentative d'amélioration. Ce poney est capable de parcourir des distances de 60 km par jour.

166 BASHKIRSKY

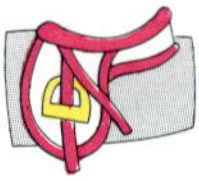
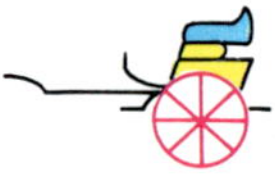

Race Bashkirsky (Bashkir).
Origine Union soviétique.
Répartition géographique Union soviétique.
Aptitudes Selle et trait léger.
Qualités Fort et résistant.
Caractère Docile et tranquille.
Morphologie Type médioligne. Hauteur au garrot : 1,34-1,42 m. Robe : bai, alezan et isabelle. Tête plutôt lourde, profil rectiligne, toupet abondant, oreilles petites et droites. Encolure courte et forte, ornée d'une belle et longue crinière; garrot plutôt bas, ligne dorso-lombaire allongée mais parfois légèrement rouée, croupe un peu oblique, queue attachée bas mais fournie et flottante; thorax ample et profond, épaule correctement inclinée. Membres courts et solides, pied petit et doté d'un ongle résistant.
Histoire Race très ancienne, d'origine similaire à celle des autres poneys soviétiques. Il en existe deux types, celui des steppes et celui des montagnes, tous deux convenant au trait et à la selle. Le premier, plus petit et léger, se distingue davantage comme cheval de selle; le second, plus lourd, est utilisé pour le trait des troïkas. Le Bashkir est parfois amélioré par des races de selle telles que le Don et le Boudienny ou des chevaux de trait comme l'Ardennais et les races de trotteurs.

---

167 BASUTO

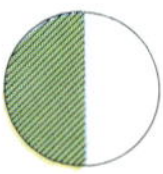

Race Basuto.
Origine Lesotho (ex-Basutoland).
Aptitudes Selle.
Qualités Résistant.
Caractère Sûr et courageux, tolérant.
Morphologie Type médioligne. Stature à la limite de la catégorie : 1,43-1,45 m. Robe : alezan, bai, bai sombre et gris. Tête de proportions moyennes, ganaches lourdes, profil rectiligne, œil grand mais expressif. Encolure longue mais peu musclée; garrot plutôt relevé, ligne dorso-lombaire longue et droite, croupe oblique, queue attachée bas; thorax profond, épaule plutôt droite. Membres fins mais résistants, articulations sèches, sabot bien fait.
Histoire La race descend des Chevaux du Cap introduits au Lesotho lors de l'invasion du territoire par les Zoulous, vers 1822. Le Cheval du Cap descendait des chevaux Berbères et Arabes importés par la Compagnie hollandaise des Indes orientales en 1653. Avant d'être introduit au Basutoland, ce cheval a été fortifié d'un apport d'Arabe et de Pur-Sang Anglais. Le Basuto remonte à 1830 mais, depuis, l'incurie des hommes et le milieu aride l'ont transformé, faisant de lui un animal résistant et courageux. Il fut utilisé dans la guerre des Boers mais aussi, ce qui surprend lorsqu'on considère le type actuel, dans les courses de galop et le jeu de polo. Sa résistance proverbiale le conduit à couvrir une distance de 100 km par jour, en portant une charge de plus de 100 kg.

168 PONEY DES AMÉRIQUES

Race Poney des Amériques.
Origine États-Unis.
Aptitudes Selle.
Qualités Doué pour tout, rapide et bon sauteur.
Caractère Tranquille et docile.
Morphologie Type médio-longiligne. Hauteur au garrot : 1,14-1,34 m. Robe : les mêmes que l'Appaloosa : flocon de neige, léopard, jaspé, givré, couverture tachée, couverture blanche. Tête proportionnée, profil camus, oreilles de grandeur moyenne, droites et pointues, œil grand et proéminent. Encolure bien conformée et un peu rouée; garrot proéminent, ligne dorso-lombaire courte et droite, dos et reins larges et musclés, croupe longue, musclée et arrondie, tendant à l'horizontale, queue bien attachée, thorax ample et profond, épaule bien inclinée. Membres solides, bien faits et musclés, avec tendons résistants, paturon correctement incliné, pied bien fait, large et à talon haut, pourvu d'un ongle strié verticalement.
Histoire La race, de création récente, remonte à 1956; le chef de lignée est Black Hand, issu du croisement d'un étalon Shetland avec une jument Appaloosa, portrait miniature de celle-ci. Sa conformation est un compromis entre le Quarter Horse et l'Arabe avec la robe caractéristique de l'Appaloosa. Ses multiples qualités le rendent apte aux activités sportives les plus variées, des courses de trot aux épreuves de saut d'obstacles, en passant par les courses de galop, les *rides* sur longues distances et l'équitation enfantine.

---

169 ASSATEAGUE et CHINCOTEAGUE

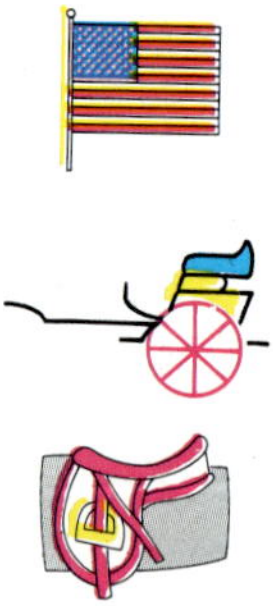

Race Assateague et Chincoteague.
Origine États-Unis (îles d'Assateague et de Chincoteague).
Répartition géographique États-Unis.
Aptitudes Trait léger et selle.
Qualités Résistants aux dures conditions climatiques.
Caractère Rebelles et têtus.
Morphologie Type médioligne. Hauteur au garrot : environ 1,22 m. Robe : toutes, y compris pie (fréquente). Tête allongée, profil rectiligne. Encolure assez longue, garrot modérément relevé, ligne dorso-lombaire droite, croupe plutôt oblique, épaule droite. Membres solides.
Histoire Le naufrage d'un navire au début de l'époque coloniale est à l'origine de cette race. L'île d'Assateague, située face aux côtes de Virginie et du Maryland, est habitée par des animaux qui s'y sont multipliés sans frein. Chaque année, les derniers jeudi et vendredi du mois, certains d'entre eux sont contraints de rejoindre à la nage l'île voisine de Chincoteague, pour être vendus aux enchères. La tête de ces poneys évoque davantage de petits chevaux que de véritables poneys.

170 PONEY DE L'ÎLE DU SABLE

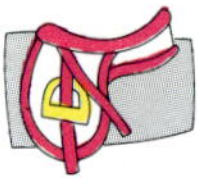

Race Poney de l'île du Sable.
Origine Canada (île du Sable).
Répartition géographique Canada (île du Sable).
Aptitudes Selle et trait léger.
Qualités Fort et sobre.
Caractère Docile et domestiqué assez tôt.
Morphologie Type médioligne. Hauteur au garrot : environ 1,42 m. Robe : bai, bai sombre, noir, gris ou alezan. Tête lourde, profil rectiligne, front ample et oreilles plutôt grandes avec la pointe tournée vers l'intérieur. Encolure assez courte et large à la base; garrot assez proéminent, ligne dorso-lombaire courte et droite, croupe oblique, thorax ample mais pas très profond, ventre volumineux, épaule plutôt droite. Membres solides, canon court, pied petit.
Histoire Sa présence sur l'île de l'Atlantique, au large de la Nouvelle-Écosse, est due à l'importation, au début du XVIIIe siècle, d'un groupe de chevaux, le plus souvent d'origine française, provenant de Nouvelle-Angleterre. L'île est pauvre en pâturages, privée d'arbres, et caractérisée par un climat extrêmement dur, notamment l'hiver. Les conditions du milieu ont forgé le physique de ces animaux, qui vivent rassemblés par petits groupes constitués par un étalon et 6 à 8 juments. Au total, trois cents têtes, parmi lesquelles peu sont dignes d'intérêt sur le plan esthétique.

---

171 GALICEÑO

Race Galiceño.
Origine Mexique.
Répartition géographique Mexique et États-Unis.
Aptitudes Selle, bât, trait léger et travaux agricoles.
Qualités Vitesse et fond; changeant, bon sauteur.
Caractère Docile et courageux, intelligent.
Morphologie Type médioligne. Hauteur au garrot : 1,21-1,37 m. Poids : 280-320 kg. Robe : bai, noir et alezan; sont exclus pie, pommelé et albinos. Tête de grandeur moyenne; profil rectiligne, œil vif et expressif. Encolure plutôt courte et musclée; garrot assez relevé, ligne dorso-lombaire courte, croupe oblique, thorax étroit mais profond, épaule plutôt droite. Membres résistants, aplombs peu corrects, jambe longue, pied petit.
Histoire Il descend du Garrano, un poney originaire de Galicie introduit au Mexique au XVIe siècle par les conquérants espagnols. Dans son pays, le Galiceño est utilisé pour les travaux agricoles ou comme animal de bât et de trait léger. En 1959, il fut exporté aux États-Unis où il sert de monture aux jeunes cavaliers, et se distingue par ses qualités de sauteur dans les compétitions équestres réservées aux poneys de sa catégorie.

172 FALABELLA

Race Falabella.
Origine Argentine.
Répartition géographique Argentine, États-Unis, Canada.
Aptitudes Selle et trait léger.
Qualités Fort, comparativement à la taille.
Caractère Tranquille et intelligent.
Morphologie Type médioligne, de très petite taille. Hauteur au garrot : 0,71-0,76 m. Robe : toutes, les plus appréciées étant celles typiques de l'Appaloosa. Tête petite, profil rectiligne ou camus, oreilles petites, œil grand et naseaux larges. Encolure bien conformée et ornée d'une crinière abondante; garrot assez haut, ligne dorso-lombaire courte et droite, croupe légèrement oblique, queue bien attachée et flottante, thorax profond, épaule inclinée. Membres plutôt fins mais bien structurés, pied bien fait.
Histoire C'est le plus petit poney du monde, obtenu par la famille Falabella au Ranch Recreo de Roca, près de Buenos Aires, à partir du Shetland et au moyen d'une sélection sur des sujets de plus petite taille. À la formation de la race a concouru, semble-t-il, bien que dans une mesure limitée, le Pur-Sang Anglais. Le Falabella possède, outre des formes harmonieuses, des mouvements gracieux qui lui ont valu et lui valent, surtout en Amérique du Nord, un grand succès.

---

173 PONEY AUSTRALIEN

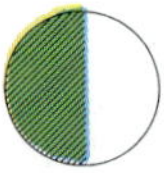

Race Poney Australien.
Origine Australie.
Répartition géographique Australie.
Aptitudes Selle.
Qualités Fort et sain, adapté à l'équitation enfantine.
Caractère Équilibré.
Morphologie Type médioligne. Hauteur au garrot : 1,21-1,42 m. Robe : toutes, à l'exception de pie; la robe la plus répandue est la grise. Tête légère, profil rectiligne, oreilles proportionnées et pointues, œil vif et toupet abondant. Encolure bien conformée et bien attachée, rouée et ornée d'une très belle crinière; garrot assez haut, ligne dorso-lombaire courte et droite, croupe oblique, poitrine bien développée; thorax ample et profond, épaule longue et bien inclinée. Membres courts, ossature robuste, articulations larges, canon court, tendons secs et résistants, paturon correctement incliné, de bonne longueur, pied bien fait. Aplombs corrects.
Histoire Il procède de diverses autres races de poneys : Welsh Mountain, Exmoor, Shetland, Timor, avec le concours du Pur-Sang Anglais et de l'Arabe, dont l'influence se reflète dans certains traits de la tête. Le Poney Australien est un animal doté d'une action libre et désinvolte qui le rend particulièrement appréciable.

CHEVAUX RARES

SYRIEN

Race Syrien (Arabe Syrien).
Origine Syrie.
Répartition géographique Pays arabes et Europe.
Aptitudes Selle.
Qualités Rapide et résistant, de grande longévité.
Caractère Énergique et vif.
Morphologie Type médioligne. Hauteur au garrot : 1,48-1,58 m. Robe : gris, alezan. Il rappelle dans l'ensemble l'Arabe, dont il se différencie principalement par la stature plus grande, le regard un peu sauvage et les formes moins harmonieuses et plutôt anguleuses.
Histoire C'est le cheval des bédouins, aux côtés desquels il passe depuis toujours son existence, mettant à rude épreuve son physique fort et résistant, forgé par la vie du désert. Ses origines très anciennes l'apparentent à l'Arabe, dont il descend probablement. Il offre de meilleures prestations que ce dernier, d'autant plus s'il est originaire des tribus Anazeh.

BHUTIA

Race Bhutia.
Origine Inde (Himalaya).
Répartition géographique Inde (Himalaya).
Aptitudes Bât.
Qualités Sobre et résistant, adapté à la montagne.
Caractère Pas très fiable, souvent imprévisible.
Morphologie Type médioligne, de marque nettement asiatique. Hauteur au garrot : 1,32-1,34 m. Robe grise. Tête pas très grande mais à ganaches prononcées, profil rectiligne. Encolure plutôt courte et ornée d'une crinière hirsute; garrot bas, ligne dorso-lombaire droite, croupe un peu oblique, queue bien attachée, thorax profond, épaule plutôt droite. Membres courts et solides.
Histoire Originaire de l'Himalaya, il a probablement les mêmes ancêtres que le Tibétain Indigène et le Spiti, avec lesquels, étant donné la situation géographique, il a eu très certainement des contacts étroits qui ont favorisé des échanges réciproques. Des trois races, il est probablement le moins beau, mais il n'est pas moins utile dans son milieu naturel, constitué par des montagnes inaccessibles à d'autres races chevalines, qui n'ont pas la même origine.

BURMA

Race Burma (Chan).
Origine Birmanie.
Répartition géographique Birmanie.
Aptitudes Bât et selle.
Qualités Fort et résistant.
Caractère Actif, mais pas toujours fiable, souvent imprévisible.
Morphologie Type médioligne. Hauteur au garrot : environ 1,32 m. Robe : bai, bai sombre, noir, gris et alezan. Tête légère, profil rectiligne, œil en amande. Encolure proportionnée, plutôt musclée; garrot peu relevé, ligne dorso-lombaire droite, croupe oblique, thorax profond, épaule peu inclinée. Membres fins mais résistants, pied petit et doté d'un ongle solide.
Histoire Ce poney est élevé par les tribus établies dans le plateau de Chan, dans la partie orientale de la Birmanie. Il ressemble étonnamment au Manipur, dont il se différencie actuellement par sa stature plus haute. On le dit moins

rapide et doté d'une moins bonne détente que le Manipur, ce qui ne l'a pas empêché d'être utilisé par les colons anglais dans le jeu du polo. Son aspect moins élégant que le Manipur, ses formes moins ramassées, son épaule moins inclinée, font penser à une influence moins forte de l'Arabe.

SUMBA ET SUMBAWA

Races Sumba et Sumbawa.
Origine Indonésie (îles de Sumba et de Sumbawa).
Aptitudes Selle et bât.
Qualités Résistants.
Caractère Coopératifs et dociles.
Morphologie Type médioligne. Hauteur au garrot : 1,22-1,23 m. Robe : multiples variétés, mais la plus fréquente est l'isabelle, avec raie de mulet, queue, crinière et extrémités noires. Tête un peu lourde, profil rectiligne, œil en amande typiquement oriental. Encolure courte et large, ornée d'une crinière hirsute; garrot peu relevé, ligne dorso-lombaire longue, croupe oblique, thorax assez profond, épaule plutôt droite. Membres courts et résistants, bien qu'assez fins, pied proportionné.
Histoire Ces deux poneys, très ressemblants, s'apparentent au Poney Chinois et au Poney Mongol, dont ils dérivent probablement, ayant avec eux des origines communes. Le Sumbawa témoigne d'une plus grande docilité, se laissant monter sans bride.

NIGÉRIEN

Race Nigérien.
Origine Nigéria.
Répartition géographique Nigéria.
Aptitudes Selle, trait léger, bât.
Qualités Robuste et fort.
Caractère Coopératif et docile.
Morphologie Type médioligne aux formes ramassées; hauteur au garrot : 1,42-1,44 m. Robe : toutes, sans distinction. Tête plate, profil rectiligne, oreilles petites et droites. Encolure assez courte et mal conformée; garrot assez haut, ligne dorso-lombaire courte et droite, croupe oblique, thorax assez profond, épaule bien inclinée et de bonne conformation. Membres robustes et de longueur moyenne, pied pourvu d'un ongle résistant.
Histoire La conformation de la croupe donnerait à penser qu'il descend du Berbère introduit au Nigéria par des populations nomades. Il a davantage l'aspect d'un cheval, sa nature étant d'ailleurs à la limite de la catégorie. Dans l'ensemble, c'est un animal aux belles formes malgré les défauts aux quartiers postérieurs.

L'étude de la généalogie d'un cheval de course revêt une grande importance. L'examen des caractères des ancêtres permet en effet de prévoir le comportement du futur champion. Et, au moment du choix des reproducteurs, il sera capital de passer au crible le pedigree de l'animal, d'évaluer avec le plus grand soin les courants de sang représentés. La sélection, qui consiste à améliorer une race en facilitant la reproduction des meilleurs sujets entre eux, si elle se fonde sur les qualités morphologiques et fonctionnelles des reproducteurs, ne peut faire abstraction de leur substrat généalogique.
Lorsque, dans un pedrigree, on relève plusieurs fois la présence d'un même progéniteur aux six dernières générations, on parle de «*inbreeding*»; dans le cas contraire, il s'agira de «*outcrossing*». Par exemple, si, parmi les ascendants d'un Pur-Sang Anglais, le nom de *Nenarco* revient deux fois à la troisième génération, deux fois à la quatrième et trois fois à la cinquième, on parlera de *inbreeding* 3×3×4×4×5×5×5 sur le même *Nenarco*, cette formule servant à indiquer combien de fois et à quelle génération le nom de l'illustre géniteur réapparaît. Le *inbreeding* le plus étroit est naturellement représenté par l'inceste; on aura dans ce cas la formule 1×2 lorsque l'accouplement concerne un géniteur et un fils, 1×3 pour un ancêtre et son petit-fils, 2×2 si les deux reproducteurs sont demi-frères, soit par le père soit par la mère, encore que chez les chevaux sont considérés comme demi-frères uniquement les sujets ayant le même mère. Le *inbreeding* permet de fixer ou d'accentuer en les additionnant les qualités exprimées par le patrimoine génétique des parents, avec le risque toutefois que ce soient les défauts qui s'additionnent.
Avec l'*outcross*, au contraire, on cherche par l'apport de nouveaux courants de sang à favoriser de nouvelles combinaisons génétiques, dans l'espoir de voir naître un grand champion qui possède les qualités, apparentes ou visibles, des ancêtres.
L'une et l'autre méthode comptent bien entendu de nombreux partisans: citons parmi les premiers le célèbre éleveur français Marcel Boussac, et parmi les seconds Federico Tesio, l'inoubliable *Mago di Dormello*, à qui l'on doit tant de grands champions, tels les exceptionnels *Nenarco* et *Ribot*.
L'influence très grande de *Nenarco* dans l'amélioration du Pur-Sang Anglais actuel est visible surtout à travers les descendants de *Nasrullah* (b.s. 1940) et de *Neartic* (b.s. 1954), qui ne comptent pas parmi ses fils les meilleurs en piste, ce qui arrive souvent. Celle des deux lignées qui domine actuellement est sans doute la seconde, grâce à *Northern Dancer* (b.1961, fils de *Neartic* et *Natalma*) et sa descendance, notamment *Nijinsky* (b.1967), vainqueur de la triple couronne britannique (2000 Guinées, Derby et Saint-Léger), et *The Minstrel* (a.1974), vainqueur du Derby anglais et du Derby irlandais.
En ce qui concerne les races de trotteurs, mentionnons l'influence sur les trotteurs actuels de *Star's Pride* (b.s.1947) et *Speedster* (b.1954), pour ce qui est de la race méricaine, ainsi que de *Fandango* (b.1947) et de *Kerjacques* (a.1954), ce dernier père de la phénoménale *Une de Mai* (b.s.1964), de races françaises. Autre cheval français illustre, *Carioca II* (1946) est l'expression de la lignée américaine descendant de *Hambletonian 10* à travers *Sam Williams*, dont procèdent *Idéal du Gazeau* (n.1974), *Lurabo* (a.1977) et *Ourasi* (a.1980).

Golden Fleece m.b. né aux États-Unis en 1979
Propriétaire : R. Sangster
Éleveur : Mr. et Mrs. Paul Hexter
Carrière de courses : 4 courses disputées (2, 3 ans), 4 victoires
Victoires les plus prestigieuses : Derby Stakes
Champion des 3 ans en Grande-Bretagne en 1982
Mort en 1984 d'un cancer à l'estomac

Golden Fleece m.b. 1979	Nijinski b. 1967	Northern Dancer b. 1961	Nearctic b.s. 1954	**Nearco**
				Lady Angela
			Natalma b. 1957	Native Dancer
				Almahmoud
		Flaming Page b. 1959	Bull Page b. 1947	Bull Lea
				Our Page
			Flaring Top a. 1947	Menow
				Flaming Top
	Exotic Treat a. 1971	Vaguely Noble b. 1965	Vienna a. 1957	Aureole
				Turkish Blood
			Noble Lassie b. 1956	**Nearco**
				Belle Sauvage
		Rare Treat a. 1952	Stymie a. 1941	Equestrian
				Stop Watch
			Rare Perfume b. 1947	Eight Thirty
				Fragrance

Sagace m.b. né en France en 1980
Propriétaire : D. Wildenstein
Éleveur : Dayton Ltd
Carrière de courses : 13 courses disputées (3, 4, 5 ans), 8 victoires
Victoires les plus prestigieuses : Prix de l'Arc de Triomphe (1984), Prix Ganay (1985), Prix d'Ispahan (1985); en 1985, rétrogradé de la 1re à la 2e place dans le Prix de l'Arc de Triomphe. Cheval de l'année en France en 1985.

Sagace m.b. 1980	Luthier b.s. 1965	Klairon b. 1952	Clarion b. 1944	Djebel
				Columba
			Kalmia b. 1931	Kantar
				Sweet Lavender
		Flûte Enchantée b. 1950	Cranach b. 1923	Coronach
				Reine Isaure
			Montagnana a. 1937	Brantôme
				Mauretania
	Seneca b. 1973	Chaparral b. 1966	Val de Loir b. 1959	Vieux Manoir
				Vali
			Niccolina a. 1950	**Niccolò dell'Arca**
				Light Sentence
		Schonbrunn b. 1966	Pantheon b. 1958	Borealis
				Palazzo
			Scheherazade b.s. 1952	Ticino
				Schwarzblaurot

El Gran Senor m.b. né aux États-Unis en 1981
Propriétaire : R.E. Sangster
Eleveur : E.P. Taylor
Carrière de courses : 8 courses disputées (2, 3 ans), 7 victoires
Victoires les plus prestigieuses : William Hill Dewhurst Stakes, 2000 Guinées, Irish Derby

El Gran Senor m.b. 1981	Northern Dancer b. 1961	Nearctic b.s. 1954	Nearco b.s. 1935	Pharos
				Nogara
			Lady Angela a. 1944	Hyperion
				Sister Sarah
		Natalma b. 1957	Native Dancer gr. 1950	Polynesian
				Geisha
			Almahmoud a. 1947	Mahmoud
				Arbitrator
	Sex Appeal a. 1970	Buckpasser b. 1963	Tom Fool b. 1949	Menow
				Gaga
			Busanda n. 1947	**War Admiral**
				Businesslike
		Best in Show b. 1965	Traffic Judge a. 1952	Alibhai
				Traffic Court
			Stolen Hour a. 1953	Mr. Busher
				Late Date

Spend A Buck m.b. né aux États-Unis en 1982
Propriétaire : Hunter Farm
Éleveur : Rowe Harper-Irish Hill Farm
Carrière de courses : 15 courses disputées (2, 3 ans), 10 victoires
Victoires les plus prestigieuses : Kentucky Derby, Jersey Derby
Gains dans sa carrière : 4.220.689 dollars.

Spend A Buck m.b. 1982	Buckarco b. 1975	Buckpasser b. 1963	Tom Fool b. 1949	Menow
				Gaga
			Busanda n. 1947	War Admiral
				Businesslike
		Stepping High b. 1969	No Robbery b. 1960	Swaps
				Bimlette
			Bebop II b. 1957	Prince Bio
				Cappellina
	Belle de Jour b. 1973	Speak John b.s. 1958	Prince John a. 1953	Princequillo
				Not Afraid
			Nuit de Folies b. 1947	Tornado
				Folle Nuit
		Battle Dress b. 1966	Jaipur b.s. 1959	Nasrullah
				Rare Perfume
			Amorial b. 1955	Battlefield
				Tellaris

Shahrastani m.b. né aux États-Unis en 1983
Propriétaire : S.A. Aga Khan
Éleveur : S.A. Aga Khan
Carrière de courses : 6 courses disputées (2, 3 ans), 4 victoires
Victoires les plus prestigieuses : Derby Stakes, Irish Derby

Shahrastani m.a. 1983	Nijinsky b. 1967	Northern Dancer b. 1961	Nearctic b.s. 1954	Nearco
				Lady Angela
			Natalma b. 1957	Native Dancer
				Almahmoud
		Flaming Page b. 1959	Bull Page b. 1947	Bull Lea
				Our Page
			Flaring Top a. 1947	Menow
				Flaming Top
	Shademah b. 1978	Thatch b. 1970	Forli a. 1963	Aristophanes
				Trensa
			Thong b. 1964	Nantallah
				Rough Shod
		Shamim a. 1968	Le Haar a. 1954	Vieux Manoir
				Mince Pie
			Diamond Drop a. 1963	Charlottesville
				Martine III

Lutin d'Isigny m.a. 1977 (France)
Propriétaire: M.G. Cornière
Éleveur: Mme J. Auvray
Carrière de course: encore en activité
Victoires les plus prestigieuses: Prix de Paris (Paris, 1984), Prix d'Amérique (Paris, 1985), Roosevelt International Trot (New York, 1984, 1985), Challenge Cup (New York, 1984, 1985)
Trotteur de l'année en France en 1985

Lutin d'Isigny m.a. 1977 - 1'13"1/10 au km	Firstly b. 1971 - 1'15"	Querido II 1'17"	Fandango 1'20"	Loudéac 1'26"
				Tombelaine 1'30"
			Dladys	Hernani III 1'24"
				Gladys*
		Matinale 1'19"	Bourbonnais D	Ogaden 1'25"
				Narbonnaise D 1'28"
			Guitare d'Amour 1'37"	Petit Mamile 1'24"
				Valeur Or
	Dame d'Isigny b. 1969 - 1'20"	Queronville L 1'16"	Tigre Royal 1'22"	Esope 1'26"
				Hollyanne 1'23"
			Brescia	Jean Sans Peur 1'23"
				Genes 1'28"
		Voile au Vent II	Larré F 1'20"	Carioca II 1'26"
				Belle de Nuit F 1'25"
			Ol d'Aubigny	Goeland
				Étoile de Bony

* Pur-Sang Anglais

Minou du Donjon m.a. 1978 (France)
Détenteur du record absolu des chevaux nés en France : 1'11"5/10 au km, établi à Stockholm en 1985
Propriétaire : J.L. Peupion
Éleveur : Camille Bedier
Carrière de course : encore en activité
Victoires les plus prestigieuses : Prix de Belgique (Paris, 1985), Coupe du Jubilé (Stockholm, 1985), Aby Stora Prix (Aby, 1985), Grand Prix Fernand Talpe (Kuurne, 1985) Copenhagen Cup (Copenhague, 1985)

Minou du Donjon m.a. 1978 - 1'11"5/10 au km	Quioco a. 1960 - 1'15"	Vermont 1943 - 1'25"	Javari 1931 - 1'23"	Quo Valdis 1916 - 1'25"
				Reluisante 1917 - 1'30"
			Action 1922 - 1'29"	Nembrod 1913 - 1'29"
				Nouvelle 1913
		Beatrix 1945 - 1'26"	Lord Williams 1933 - 1'21"	Sam Williams (USA) 1922 - 1'26"
				Slim 1918 - 1'27"
			Psappha 1937 - 1'35"	Fakir V 1927 - 1'28"
				Fille de l'Air III 1927 - 1'30"
	Geribia a. 1972	Kerjacques 1954 - 1'19"	Quinio 1938 - 1'25"	Hernani III 1929 - 1'24"
				Germaine 1928 - 1'29"
			Arlette III 1944 - 1'22"	Loudeac 1933 - 1'26"
				Maggy II 1934 - 1'35"
		Uribia 1964 - 1'21"	Jocrisse 1953 - 1'20" 1946 - 1'32"	Volontaire 1943 - 1'21"
				Cartacalla
			Junia 1953 - 1'22"	Au Vent 1944 - 1'25"
				Nevada IV 1935 - 1'26"

Meadow Road m.b. 1979 (Suisse)
Détenteur du record absolu des chevaux nés en Europe et du record mondial des chevaux de 4 ans et plus : 1′54″2/5 (1′11″1/10 au km)
Propriétaire : O. Rydstrand
Éleveur : S. Palm
Carrière de course : 43 courses disputées (2, 3, 4, 5 ans), 34 victoires
Victoires les plus prestigieuses : Grand prix des Nations (Milan, 1984), Elitlopp (Stockolm, 1985, finale), Statue of Liberty-Trot (Meadowlands, 1985, 1 609 m), Statue of Liberty-Trot (Meadowlands 1985, 2 413 m)

<table>
<tr><td rowspan="16">Meadow Road
m.b. 1979 - 1′11″1/10 au km

TT = Time Trial (temps enregistré à l'entraînement et non en course)</td><td rowspan="8">Madison Avenue (USA)
b. 1971 - 1′13″5/10</td><td rowspan="4">Nevele Pride
b. 1965 - 1′54″4/5 (TT)</td><td rowspan="2">Star's Pride
b.s. 1947 - 1′57″1/5</td><td>Worthy Boy
n. 1940 - 2′02″1/2</td></tr>
<tr><td>Stardrift
b.s. 1936 - 2′03″</td></tr>
<tr><td rowspan="2">Thankful
b.s. 1952 - 2′03″2/5 (TT)</td><td>Hot Moon
n. 1944 - 2′</td></tr>
<tr><td>Magnolia Hanover
b.s. 1944 - 2′13″1/5</td></tr>
<tr><td rowspan="4">Scenic Route
b. 1966</td><td rowspan="2">Spectator
1958 - 1′59″4/5</td><td>Florican
b. 1947 - 1′57″2/5</td></tr>
<tr><td>Picturesque
1953</td></tr>
<tr><td rowspan="2">Mimi Rodney
b. 1962</td><td>Rodney
b. 1944 - 1′57″2/5 (TT)</td></tr>
<tr><td>Mini Hanover
b. 1945 - 2′09″</td></tr>
<tr><td rowspan="8">Francessa (Suède)
b. 1972 - 1′21″</td><td rowspan="4">Frances Nib
1′17″3/10</td><td rowspan="2">Scotch Nibs
1′17″3/10</td><td>Nibble Hanover
b. 1936 - 1′58″3/4</td></tr>
<tr><td>Hattie G
2′03″2/5</td></tr>
<tr><td rowspan="2">Frances Bulwark
1′16″7/10</td><td>Bulwark
1′18″8/10</td></tr>
<tr><td>Frances Great
2′08″1/2</td></tr>
<tr><td rowspan="4">Petressa</td><td rowspan="2">Lord Peter
1′18″1/10</td><td>Peter Rutherford
1′21″6/10</td></tr>
<tr><td>My Lady Hanover
1′25″5/10</td></tr>
<tr><td rowspan="2">Comptesse
1′24″1/10</td><td>Ronald Day
2′07″1/4</td></tr>
<tr><td>Mari Dennis
1′30″9/10</td></tr>
</table>

Prakas m.b. 1982 (États-Unis)
Détenteur du record mondial absolu : 1′53″2/5 (1′10″5/10 au km) remporté à Du Quoin le 31 août 1985
Propriétaire : H. Enggren, C. Vizzi, I. McKenzie
Éleveur : Hans Enggren
Carrière de course : 29 courses disputées (2, 3 ans), 14 victoires
Victoires les plus prestigieuses : Historic Cup, Beacon Course, Hambletonian Stake, World Trotting Derby, Beeders Crown
Trotteur de l'année aux États-Unis en 1985

Prakas m.b. 1982 - 1′53″2/5	Speedy Crown b. 1968 - 1′57″1/5	Speedy Scot b. 1960 - 1′56″4/5	Speedster b. 1954 - 1′59″4/5	**Rodney** b. 1944 - 1′57″2/5 (TT)
				Mimi Hanover b.s. 1945 - 2′09″
			Scotch Love b.s. 1954 - 2′04″3/5 (TT)	Victory Song b.s. 1943 - 1′57″3/5
				Selka Scot b. 1945 - 2′13″3/5
		Missile Toe b. 1962 - 2′05″2/5	Florican b. 1947 - 1′57″2/5	Spud Hanover a. 1936 - 2′03″
				Florimel b. 1938 - 2′03″1/2
			Worth A Plenty b. 1954 - 2′02″2/5 (TT)	Darnley n. 1940 - 1′59″3/4
				Sparkle Plenty b. 1948 - 2′07″3/5
	Prudy Hanover b. 1970 - 2′04″4/5	Star's Pride b.s. 1947 - 1′57″1/5	Worthy Boy n. 1940 - 2′02″1/2	Volomite b.s. 1926 - 2′03″1/4
				Warwell Worthy b. 1932 - 2′03″3/4
			Stardrift b.s. 1936 - 2′03″	Mr. Mc Elwyn b. 1921 - 1′59″1/4 (TT)
				Dillcisco b. 1919 - 2′06″1/2
		Prudence N b. 1960 - 2′02″4/5	**Rodney** b. 1944 - 1′57″2/5 (TT)	Spencer Scott b. 1937 - 1′57″1/4 (TT)
				Earl's Princess Martha b. 1935 - 2′01″3/4 (TT)
			Prudence Hanover b. 1941 - 2′07″1/2	Calumet Chuck b.s. 1929 - 2′04″
TT = Time Trial (temps enregistré à l'entraînement et non en course)				Grace Hanover b. 1929 - 2′05″

Nihilator m.b. 1982 (États-Unis)
Détenteur du record mondial de la course des ambleurs : 1'49"3/5
Propriétaire : Wall Street-Nihilator Syn
Éleveur : Robert E. Gangloff
Carrière de course : 35 courses disputées (2, 3 ans), 33 victoires
Victoires les plus prestigieuses : International Stallion (1984), Goshen Cup (1984), Potomac Pace (1984), Baltimore Series (finale, 1984), Kentucky Sires (1984), Meadowlands Pace (1985), Little Brown Jug (1985), Dancer Memorial (1985), Jersey Cup (1985), Homecoming Pace (1985), Terrapin Pace (1985)

Nihilator m.b. 1982 - 1'49"3/5	Niatross b. 1977 - 1'49"1/5 (TT)	Albatross b. 1968 - 1'54"3/5	**Meadow Skipper** b.s. 1960 - 1'55"1/5	Dale Frost n. 1951 - 1'58"	**Hal Dale** - 2'02"1/4 Galloway - 2'04"1/2
				Countess Vivian b. 1950 - 1'59"	King's Counsel - 1'58" Filly Direct - 2'06"3/4
			Voodoo Hanover	Dancer Hanover b. 1957 - 1'56"4/5 (TT)	**Adios** - 1'57"1/2 (TT) The Old Maid
				Vibrant Hanover	**Tar Heel** - 1'57" (TT) Vivian Hanover
		Niagara Dream b. 1964 - 2'07"2/5	Bye Bye Byrd b. 1955 - 1'56"1/5 (TT)	Poplar Byrd b. 1944 - 1'59"3/5 (TT)	Volomite - 2'03"1/4* Ann Vonian - 2'01"1/4
				Evalina Hanover 1'59"2/5	**Billy Direct** - 1'55" (TT) Adieu - 2'04"1/4 (TT)
			Scott b. 1946 - 2'05"2/5*	Scamp	Guy Abbey - 2'06"3/4* Sweet Miss - 2'06"1/2 (TT)*
				Doris Spencer	Spencer - 1'59"3/4 (TT)* Last Chance - 2'22"1/4 (TT)*
	Margie's Melody b. 1976 - 1'55"4/5	Bret Hanover b. 1962 - 1'53"3/5	**Adios** b. 1940 - 1'57"1/2 (TT)	**Hal Dale** 1926 - 2'02"1/4	Abbedale - 2'01"1/4 Margaret Hal - 2'19"
				Adico Volo 1930 - 2'05"	Adico Guy - 2'00"3/4 Sigrid Volo - 2'04" (TT)
			Brenna Hanover b. 1956 - 2'01"	**Tar Heel** 1948 - 1'57" (TT)	**Billy Direct** - 1'55" (TT) Leta Long - 2'3"3/4
				Beryl Hanover 1947 - 2'02"	Nibble Hanover - 1'58"3/4* Laura Hanover - 2'15"1/4*
		Pretty Margie b.s. 1971 - 2'05"4	**Meadow Skipper** b.s. 1960 - 1'55"1/5	Dale Frost n. 1951 - 1'58"	**Hal Dale** - 2'02"1/4 Galloway - 2'04"1/2
				Countess Vivian b. 1950 - 1'59"	King's Counsel - 1'58" Filly Direct - 2'06"3/4
			Margie's Storm b.s. 1962 - 2'06"	Stom Cloud gr. 1954 - 2'00"4/5*	Scothland - 1'59"1/4* Queen Nib*
				My Margie b.s. 1955 - 2'06"2/5*	Mighty Song - 2'00"2/5 (TT)** Margaret Castleton - 1'59"1/4*

* Trotteur ** Ambleur (2'02"3/5TT)
TT = Time Trial (temps enregistré à l'entraînement et non en course)

INDEX

Les chiffres à côté de chaque nom renvoient à la fiche correspondante.
Le p. devant le chiffre renvoie à la page.

CREDIT PHOTOS

Les abréviations h et b indiquent la position des photos dans la page (haut, bas).

Introduction
Archives Mondadori, Milan : 12, 18, 32 (4); 37h (G. Costa); 16 (G. Lotti); 21 (S. Prato) - Ardea Photographics, Londres : 32 (3) - Editions Agricoles Calderisi, Bologne : 32 (1), 33 (7) - Giorgio Lotti, Milan : 14, 15 - Agence Ricciarini, Milan : 38 (Emilio F. Simion) - Sally Ann Thompson, Animal Photography, Londres : 22, 31, 32 (2), 33 (6, 8), 39 - Vision International, Londres : 33 (5) (Elisabeth Welard)

Les photos d'ouvertures de chapitre sont de :
Archives Mondadori, Milan (De Biasi) (Chevaux de selle, de trait léger, de bât) - Giorgio Lotti, Milan (Les poneys) - Agence Ricciarini, Milan (Frontispice) - Sally Ann Thompson, Animal Photography, Londres (Introduction; Chevaux de trait lourd)

Les photos du chapitre « Grands Champions d'aujourd'hui » sont de :
All Sport, Londres : 243 (M. Powell); 244, 245, 247 (Trever Jones) - Association Photo, Columbus (Ohio) : 251, 252 - P. Bertrand et Fils, Paris : 248, 249 - Equine Images/Harold Roth, New York, 246 - Massimo Perrucci, Milan : 250.

Fiches :
Robin Adshead, Londres : 120, 123 - Agence Novosti, Rome : 54 - Ambassade de Bulgarie, Rome : 45, 46, 47 - The American Albino Association (White Wings II P501, White Horse Ranch, Nayper/Nebraska) : 74 - Animals Animals, Oxford Scientific Films (H. Fox) : 169 - Archives Mondadori, Milan : 54 (G. Argent); 171 (C. Shelley); 115, 148, 159 (De Biasi); 132 (G. Dahl, AP); 84 (Hoofs and Horns) - Ardea Photographics, Londres; 118, 122, 150 - Association Nationale du Poney Landais, Saubusse : 149 - Association des éleveurs du cheval agricole italiens (T.P.R.), Vérone; 108 - Association nationale des éleveurs du cheval Maremmano, Grosseto; 23 - Bob Langrish, Londres; 16, 17, 79 - Bruce Coleman, Londres : 85 (J. Taylor) - Color Zenit, Cosenza : 27 (Raf Caputo) - Conseil de l'Agriculture, Province des Asturies, Espagne; 152 - Consulat de Turquie, Milan : 67 - Direktorat Bina Produksi Peternakan, Jakarta : 127, 128, 129, 130 - Antonio Ariza Cañadilla, Mexique : 81 - Dr. Glover, Lautem (île de Timor) : 126 - Kit Houghton Photography, Londres : 76, 162 - Institut de développement hippique, Catane : 29 - Jacana, Paris : 89, 91, 93 (Labat); 94 (S. Chevallier); 151 (J.-P. Ferrero) - Giovanni Lostia, Ozieri : 25, 158 - Manili-Faggiani, Milan : 5b, 24, 88, 153, 156 - Dr. J. Menegatos, Department of Animal Production, Agriculture College of Athenes, Grèce : 160 - Maria do Mar Oom, Lisbonne : 155 - V.M. Nikiforov : 53, 57, 66, 164, 165, 166 - Dr. Giuseppe Ottaviano, Ragusa : 28 - Nova Scotia Government Services/N.S.G.S. Photo : 170 - Massimo Perrucci, Milan : 19b, 70b - Sally Ann Thompson, Animal Photography, Londres ; 1, 2, 4, 5h, 7, 8, 9, 10, 11, 12, 13, 14, 15, 18, 19h, 20, 21, 22, 26, 30, 31, 32, 33, 34, 35, 37, 38, 39, 40, 42, 43, 44, 48, 49, 50, 51, 52, 55, 56, 58, 59, 60, 61, 62, 63, 64, 65, 68, 70h, 71, 72, 73, 75, 77, 78, 80, 82, 83, 86, 87, 90, 92, 95, 96, 97, 98, 99, 100, 102, 103, 104, 105, 106, 107, 110, 111, 112, 113, 114, 116, 117, 124, 131, 133, 134, 135, 136, 137, 138, 139, 140, 141, 142, 143, 144, 145, 146, 147, 154, 157, 161, 163, 168, 172, 173 - Adriano Simonazzi, Collecchio : 69 - Spectrum Colour Library, Londres : 167 - Office commercial hongrois, Mr Kovacs, Milan : 41 - Vision International, Londres : 125 (P. Koch); 3, 6, 36, 101, 119, 121 (E. Welard).